GRAMÁTICA

MARCHA CRIANÇA

3º ANO

CB138547

Maria Teresa Marsico

Professora graduada em Letras pela Universidade Federal do Rio de Janeiro (UFRJ) e em Pedagogia pela Sociedade Unificada de Ensino Superior Augusto Motta. Atuou por mais de trinta anos como professora de Educação Infantil e Ensino Fundamental das redes municipal e particular de ensino no município do Rio de Janeiro.

Maria Elisabete Martins Antunes

Professora graduada em Letras pela Universidade Federal do Rio de Janeiro (UFRJ). Atuou durante trinta anos como professora titular em turmas do 1º ao 5º ano na rede municipal de ensino do Rio de Janeiro.

Armando Coelho de Carvalho Neto

Atua desde 1981 com alunos da rede oficial de ensino e professores das redes oficial e particular do Rio de Janeiro. Desenvolve pesquisas e estudos sobre metodologias e teorias modernas de aprendizado. É autor de obras didáticas para Ensino Fundamental e Educação Infantil desde 1993.

Agora você também consegue acessar o *site* exclusivo da **Coleção Marcha Criança** por meio deste QR code.

Basta fazer o *download* de um leitor QR code e posicionar a câmera de seu celular ou *tablet* como se fosse fotografar a imagem acima.

editora scipione

editora scipione

Diretoria editorial
Lidiane Vivaldini Olo
Gerência editorial
Luiz Tonolli
Editoria de Anos Iniciais
Tatiany Telles Renó
Edição
Miriam Mayumi Nakamura e
Duda Albuquerque / DB Produções Editoriais (colaborador)
Gerência de produção editorial
Ricardo de Gan Braga
Arte
Andréa Dellamagna (coord. de criação),
Gláucia Correa Koller (progr. visual de capa e miolo),
Leandro Hiroshi Kanno (coord. de arte),
Fábio Cavalcante (editor de arte) e
JS Design Comunicação Visual (diagram.)
Revisão
Hélia de Jesus Gonsaga (ger.),
Rosângela Muricy (coord.),
Gabriela Macedo de Andrade,
Paula Teixeira de Jesus, Vanessa de Paula Santos,
Brenda Morais e Gabriela Miragaia (estagiárias)
Iconografia
Sílvio Kligin (superv.),
Denise Durand Kremer (coord.),
Daniel Cymbalista (pesquisa),
Cesar Wolf e Fernanda Crevin (tratamento de imagem)
Ilustrações
ArtefatoZ (capa) e Ilustra Cartoon (aberturas de unidade e miolo)

Direitos desta edição cedidos à Editora Scipione S.A.
Av. das Nações Unidas, 7221, 1º andar, Setor D
Pinheiros – São Paulo – SP – CEP 05425-902
Tel.: 4003-3061
www.scipione.com.br / atendimento@scipione.com.br

Dados Internacionais de Catalogação na Publicação (CIP)
(Câmara Brasileira do Livro, SP, Brasil)

Marsico, Maria Teresa
Marcha criança : gramática / Maria Teresa Marsico, Armando Coelho de Carvalho Neto, Maria Elisabete Martins Antunes. – 2. ed. – São Paulo : Scipione, 2016.

Obra em 5 v. para alunos do 1º ao 5º ano.
Bibliografia.

1. Português - Gramática (Ensino fundamental) I. Carvalho Neto, Armando Coelho de. II. Antunes, Maria Elisabete Martins. III. Título.

16-01779 CDD–372.61

Índices para catálogo sistemático:
1. Gramática : Português : Ensino fundamental 372.61
2. Português : Gramática : Ensino fundamental 372.61

2017

ISBN 978 85262 9861 3 (AL)
ISBN 978 85262 9862 0 (PR)
Cód. da obra CL 738837
CAE 565 621 (AL) / 565 622 (PR)

2ª edição
3ª impressão

Impressão e acabamento
Vox Gráfica

Os textos sem referência são de autoria de Maria Teresa Marsico, Maria Elisabete Martins Antunes e Armando Coelho.

Apresentação

Caro aluno, cara aluna,

Pensando em ajudá-los a se tornar leitores e escritores competentes, apresentamos agora a coleção **Marcha Criança Gramática**, totalmente reformulada.

Nela vocês encontram atividades que devem prepará-los para dominar uma das maiores realizações humanas: o ato de escrever!

Descobrindo alguns segredos da língua portuguesa, como a combinação de sinais, letras, palavras, ideias, vocês vão dar forma a textos e sentir cada vez mais o prazer de ler e escrever. Também vão se divertir com o Caderno de Jogos!

Esperamos que gostem da coleção e com ela aprendam muito!

Bons estudos!

Os autores.

ArtefatoZ/Arquivo da editora

Conheça seu livro

Veja a seguir como o seu livro está organizado.

Unidade

Seu livro está organizado em quatro Unidades, com aberturas em páginas duplas. Em **O que vou estudar?** você encontra os tópicos do que vai aprender na respectiva Unidade.

Capítulo

Cada Unidade subdivide-se em capítulos. As aberturas dos capítulos trazem textos e imagens que introduzem o assunto que será trabalhado. Algumas definições de conteúdo são destacadas em boxes.

Ortografia

Nesta seção, você vai conhecer regras ortográficas e realizar várias atividades para fixar seu aprendizado.

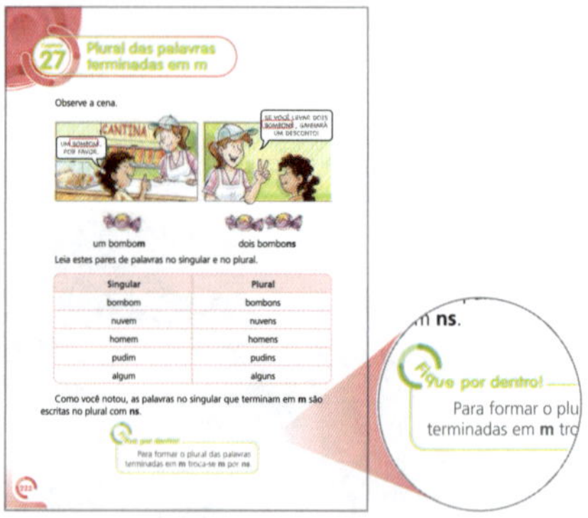

Fique por dentro!

O boxe **Fique por dentro!** traz dicas e lembretes que vão facilitar seus estudos.

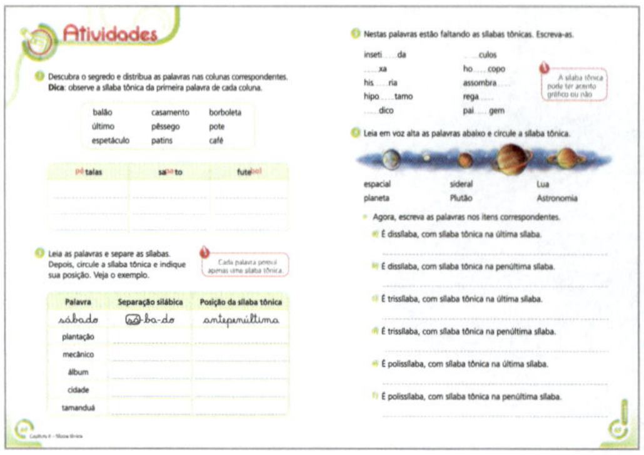

Atividades

Nesta seção, você vai aplicar e retomar as principais ideias do que aprendeu na abertura do capítulo.
Algumas atividades são acompanhadas de ícones, que indicam quando elas devem ser feitas oralmente, no caderno ou em grupo.

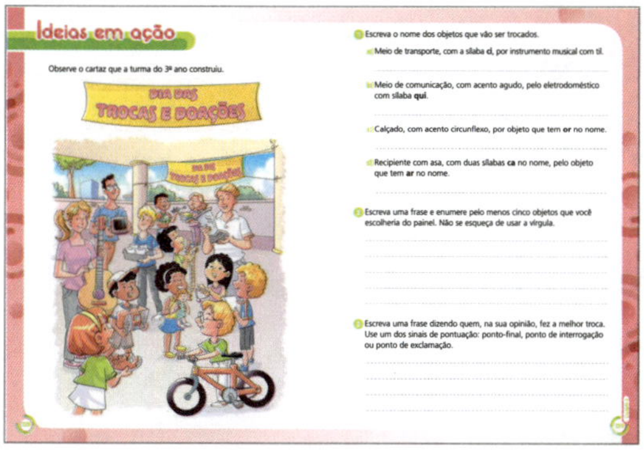

Ideias em ação

Esta seção aparece ao final de cada Unidade, em página dupla. Com base em uma imagem, são retomados alguns conteúdos estudados no decorrer da Unidade.

No dia a dia

Nesta seção, você vai estudar a gramática em situações de uso e compreender que ela está presente em nosso dia a dia.

De olho no dicionário

Aqui, você vai aprender a usar o dicionário, uma importante ferramenta de consulta.

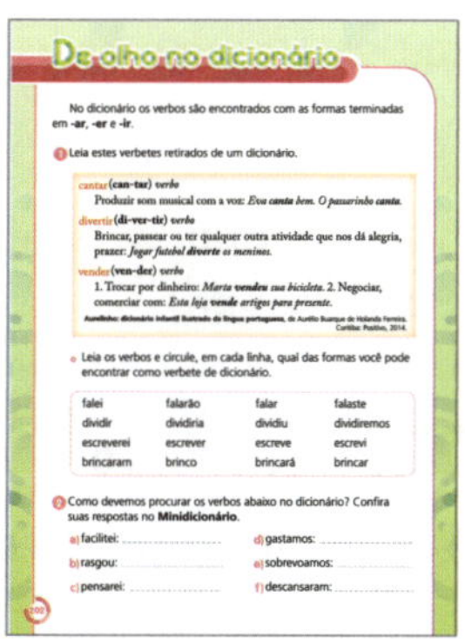

Sugestões de leitura

No final do livro, você vai encontrar indicações de leitura para complementar seus estudos.

Quando você encontrar estes ícones, fique atento!

- atividade em grupo
- atividade no caderno
- atividade oral

Material de apoio

Com o **Minidicionário**, você vai estudar a gramática de um jeito muito divertido!

Sumário

Unidade 1

O que vou estudar?

- Alfabeto
- Ordem alfabética
- Vogais e consoantes
- Encontro vocálico
- Encontro consonantal
- Dígrafo
- Sílaba e número de sílabas
- Sílaba tônica

CANTINA

Capítulo 1 O alfabeto

Faça uma leitura silenciosa dos quadrinhos a seguir.

Almanaque do Cebolinha, de Mauricio de Sousa. São Paulo: Panini Comics, n. 54, nov. 2015.

Agora, conte oralmente a história que você leu.

Fique por dentro!

Para falar usamos **sons**. Para escrever usamos **letras**.

Você já sabe que com as 26 letras do alfabeto nós podemos escrever tudo o que pensamos e falamos.

Relembre a seguir a sequência das letras do alfabeto.

Alfabeto maiúsculo

A	B	C	D	E	F	G	H	I	J	K	L	M
N	O	P	Q	R	S	T	U	V	W	X	Y	Z

Alfabeto minúsculo

a	b	c	d	e	f	g	h	i	j	k	l	m
n	o	p	q	r	s	t	u	v	w	x	y	z

Em geral, encontramos as letras **k**, **w** e **y** em nomes de origem estrangeira, marcas e símbolos. Veja:

Divulgação

Fernando Favoretto/Criar Imagem

Fique por dentro!

O símbolo **kg**, referente a **quilograma**, é escrito com inicial minúscula. O mesmo acontece com **km**, símbolo de **quilômetro**.

Atividades

1 Nos quadros abaixo faltam algumas letras do alfabeto. Escreva-as.

Letras maiúsculas

A		C	D		F		H		J		L	
	O	P		R			U	V		X		Z

Letras minúsculas

	b	c			f		h			k		m
n	o		q	r	s			v		x	y	

2 Escreva as letras que faltam no nome do personagem dos quadrinhos da página 10.

.... ebo .... nh ....

a) Quantas letras maiúsculas você escreveu?

....

b) Quantas letras minúsculas há nesse nome?

....

! Usamos letras maiúsculas em início de frases; em nomes de pessoas, de animais, de cidades e países; em títulos de livros, de filmes, de histórias em quadrinhos, etc.

3 Leia o seguinte parágrafo.

Em 1894, o norte-americano Augusto Shaw foi convidado a dar aulas no Colégio Mackenzie, em São Paulo, e trouxe na bagagem uma bola de basquete. Assim, antes de muitos outros países, o Brasil conheceu esse esporte coletivo, mas os primeiros torneios aconteceram apenas em 1912. [...]

O livro dos esportes olímpicos, de Mauricio de Sousa. São Paulo: FTD, 2013.

a) A primeira letra da palavra que inicia o parágrafo é maiúscula ou minúscula?

....

b) Que nomes foram escritos com letra inicial maiúscula?

....

4 Qual é o nome da cidade onde você mora?

....

- De que modo você escreveu a primeira letra do nome da cidade onde mora?

....

De olho no dicionário

Você já sabe para que serve um dicionário? Converse com os colegas e faça uma lista dos usos que vocês podem fazer dele.

....

....

....

....

....

....

Esta é uma página de dicionário. Observe-a com atenção.

Abra uma página do **Minidicionário**. Observe que no alto da página há duas palavras, que indicam a primeira e a última palavra dessa página. Sabendo a ordem alfabética, logo descobrimos se a palavra que procuramos se encaixa entre essas duas ou não. Se a palavra que procuramos se encaixar entre elas, nós a encontraremos na página consultada.

IDÊNTICO - ILHA

IDÊNTICO (I-DÊN-TI-CO) *(adjetivo)*
Idêntico é aquilo que é semelhante, igual a outra coisa.
As duas bonecas que Marina ganhou são ***idênticas****.*

IDOSO (I-DO-SO) *(adjetivo)*
Idoso é alguém que tem muitos anos de idade. É o mesmo que velho.
Minha avó tem muita disposição, nem parece ser tão ***idosa****.*

IGARAPÉ (I-GA-RA-PÉ) *(substantivo)*
Igarapé é um canal de água que nasce, atravessa a mata e deságua em um rio. É o mesmo que rio muito pequeno.
Os meninos foram pescar no ***igarapé****.*

IGLU (I-GLU) *(substantivo)*
Iglu é o nome dado à casa do esquimó, construída com blocos de gelo.
Os ***iglus*** *abrigam os habitantes do Pólo Norte.*

IGUAL (I-GUAL) *(adjetivo)*
1. Igual quer dizer algo ou alguém muito parecido, que não tem diferenças.
2. Também significa ter as mesmas características. *As mochilas de Ana e Bia são* ***iguais****.*
3. Pode ser ainda o que tem a mesma quantidade ou tamanho. *Minha avó repartiu o bolo em partes* ***iguais****.*

ILEGAL (I-LE-GAL) *(adjetivo)*
Ilegal quer dizer algo ou alguém que é contra a lei.
Nesta região a caça é ***ilegal****.*

ILHA (I-LHA) *(substantivo)*
1. Ilha é uma porção de terra cercada de água por todos os lados. *A cidade de Florianópolis fica em uma* ***ilha****.*
2. Também pode ser uma área reservada para proteção de pedestres no meio de algumas avenidas. *Ficamos aguardando na* ***ilha*** *até o semáforo abrir.*

131

Meu primeiro dicionário escolar da língua portuguesa, de Waldemar Ferreira Netto. São Paulo: Scipione, 2006.

- Abra o **Minidicionário** na página da palavra **parque** e copie as duas palavras que ficam no topo dessa página.

....

No dia a dia

Você já observou como utilizamos, no nosso dia a dia, várias palavras escritas com **k**, **w** e **y**?

Leia estes trechos do livro **Alfabeto de histórias** e descubra algumas delas.

Y y

yoga

Yuri, o cãozinho da raça Yorkshire, nunca se separa de sua dona, a Yeda. Nem mesmo na aula de *yoga*!

W w

web

Olha, Wilson está na *web*! Lá diz que neste ano a final de windsurfe será em Waikiki. E que no ano passado, no Hawaí, Wallace ganhou por W.O. Veja só!

K k

kartódromo

A torcida invadiu a pista do kartódromo com seu *kit* de karaokê!

São Karina, Keila e Kiara, amigas de Kleber, campeão de *kart*.

Alfabeto de histórias, de Gilles Eduar. São Paulo: Ática, 2009.

- Agora é sua vez! Junte-se com um colega e pesquisem palavras, nomes próprios ou símbolos escritos com **k**, **w** e **y**.
  Se possível, recorte-os de revistas e jornais e cole-os em um cartaz, mencionando onde foram encontrados.

Ortografia

s ou z em final de palavra

1 Você já passou por uma situação como esta?

- Das palavras que a professora ditou, quais estão no plural? Elas terminam em **s** ou **z**?

....

> As letras **s** e **z** em final de palavras representam o mesmo som.

2 Escreva o plural destas palavras.

o pé →	a noite → ....
a carta →	o dia → ....
a pá →	o bilhete → ....

- Agora, complete a frase.

  No plural, as palavras nunca terminam em ....

3 Leia as palavras do quadro. Depois, distribua-as nas colunas adequadas.

chafariz	voz	freguês
mês	avestruz	vez
luz	rês	gás

Palavras terminadas em **s**	Palavras terminadas em **z**
....	....
....	....
....	....
....	....
....	....

a) As palavras terminadas em **s** estão no plural? ....

b) Das palavras terminadas em **z**, há alguma no plural? ....

c) Escolha uma palavra de cada coluna e escreva-as no plural.

....

> **!**
> Se a palavra está no plural, só pode terminar em **s**, como em **felizes**.
> As palavras que indicam o país de origem sempre terminam em **s**, como em **japonês**.

4 Escreva **s** ou **z** para completar as palavras.

a) Machuquei o nari...... na porta. Cuidado com seus narize......

b) Perdi os de...... reais que ganhei de mesada este mê......

c) O atleta chinê...... venceu o francê...... e foi campeão.

d) Fui à praia uma ve...... , mas queria ir mil veze......!

Capítulo 2

Ordem alfabética

Leia o texto.

Imagens: popgallery/Shutterstock

Amanda, Ana e Bianca,
Bruno, Caio e Diogo,
Eduardo, Flávio e Gustavo,
Adivinha qual é o jogo?

Os nomes estão em ordem alfabética.

Ordem alfabética é a sequência em que as letras aparecem no alfabeto.

Para organizar as palavras em ordem alfabética, observamos a primeira letra das palavras. Quando a primeira letra é igual, observamos a segunda letra dessas palavras.

Nanette Grebe/Shutterstock

Amanda

iconogenic/Shutterstock

Ana

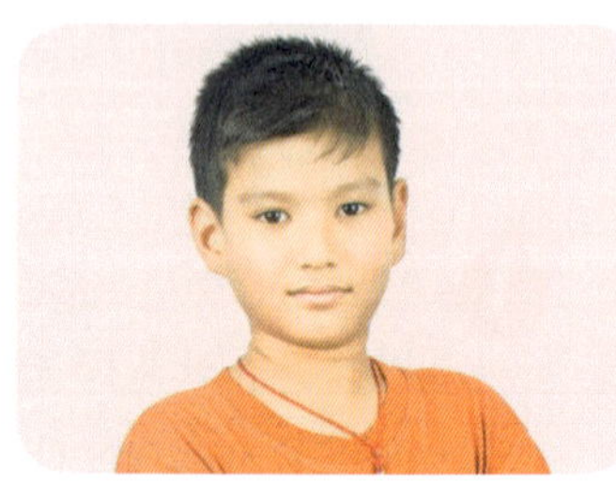
wonderisland/Shutterstock

Artur

Quando a segunda letra também é igual, observamos a terceira letra dessas palavras.

Luis Louro/Shutterstock

Rebeca

Nina Shannon/Getty Images

Regina

Lopolo/Shutterstock

Renato

Quando a terceira letra também é igual, observamos a quarta letra dessas palavras, e assim por diante.

Veronica Louro/Shutterstock

Carlos

Richard Bowden/Getty Images

Carolina

Fique por dentro!

Usamos a ordem alfabética para localizar com mais facilidade e rapidez a palavra que procuramos.

Observe a página de um dicionário e veja a sequência das palavras.

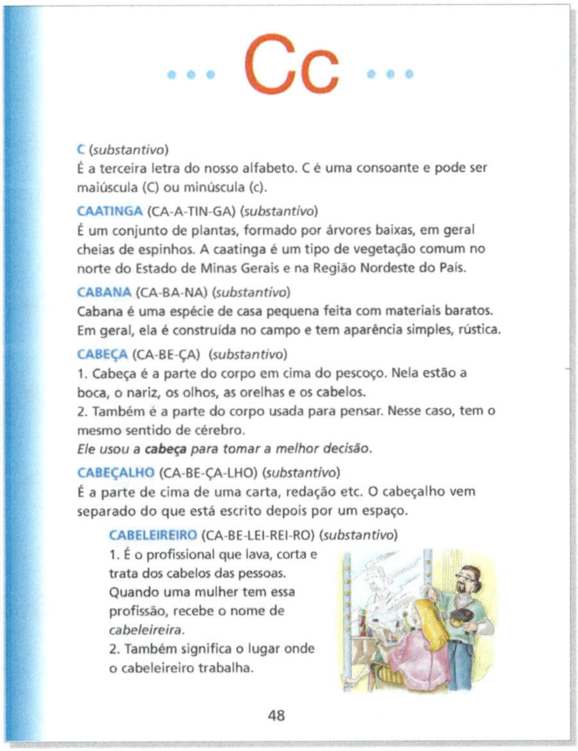

Cc

C (*substantivo*)
É a terceira letra do nosso alfabeto. C é uma consoante e pode ser maiúscula (C) ou minúscula (c).

CAATINGA (CA-A-TIN-GA) (*substantivo*)
É um conjunto de plantas, formado por árvores baixas, em geral cheias de espinhos. A caatinga é um tipo de vegetação comum no norte do Estado de Minas Gerais e na Região Nordeste do País.

CABANA (CA-BA-NA) (*substantivo*)
Cabana é uma espécie de casa pequena feita com materiais baratos. Em geral, ela é construída no campo e tem aparência simples, rústica.

CABEÇA (CA-BE-ÇA) (*substantivo*)
1. Cabeça é a parte do corpo em cima do pescoço. Nela estão a boca, o nariz, os olhos, as orelhas e os cabelos.
2. Também é a parte do corpo usada para pensar. Nesse caso, tem o mesmo sentido de cérebro.
*Ele usou a **cabeça** para tomar a melhor decisão.*

CABEÇALHO (CA-BE-ÇA-LHO) (*substantivo*)
É a parte de cima de uma carta, redação etc. O cabeçalho vem separado do que está escrito depois por um espaço.

CABELEIREIRO (CA-BE-LEI-REI-RO) (*substantivo*)
1. É o profissional que lava, corta e trata dos cabelos das pessoas. Quando uma mulher tem essa profissão, recebe o nome de *cabeleireira*.
2. Também significa o lugar onde o cabeleireiro trabalha.

48

Reprodução/Acervo da editora

Meu primeiro dicionário escolar da língua portuguesa, de Waldemar Ferreira Netto. São Paulo: Scipione, 2005.

Fique por dentro!

Consulte sempre um dicionário quando você tiver dúvida sobre como se escreve uma palavra ou sobre seu significado.

Atividades

1 Observe, na página anterior, a reprodução de uma página de dicionário.

a) Como as palavras estão organizadas?

....

b) Essa página de dicionário mostra palavras iniciadas por qual letra?

....

c) Qual será a próxima letra a ser apresentada no dicionário depois dessa?

....

2 Se você fosse procurar as palavras abaixo em um dicionário, em que ordem elas apareceriam? Escreva-as.

pintura	tinta	arte
obra	sucesso	beleza

1 → .... 4 → ....

2 → .... 5 → ....

3 → .... 6 → ....

abricó	abacate	abacaxi
abóbora	abobrinha	amêndoa

1 → .... 4 → ....

2 → .... 5 → ....

3 → .... 6 → ....

3 Quais objetos escolares você tem na mochila hoje? Escreva o nome deles em ordem alfabética.

....

....

....

....

....

4 Observe esta agenda de telefones.

- Por que em uma agenda telefônica as páginas são organizadas em ordem alfabética? Responda oralmente.

5 Marque com um **X** os itens que vêm organizados em ordem alfabética.

- ( ) livros na prateleira de uma biblioteca
- ( ) produtos em feiras e supermercados
- ( ) palavras em enciclopédias
- ( ) sabores dos sorvetes na sorveteria
- ( ) remédios em uma farmácia
- ( ) nomes de alunos na lista de chamada
- ( ) roupas em lojas

No dia a dia

É comum, em nosso cotidiano, encontrarmos palavras organizadas em ordem alfabética em muitos materiais além do dicionário, como agenda telefônica, lista de chamada, guia de ruas, catálogo de livros ou filmes.

- Que tal confeccionar uma agenda telefônica com o nome, o telefone e a data de aniversário dos colegas de classe? Siga as instruções:

1. Pegue 26 folhas pautadas (uma para cada letra do alfabeto) e escreva cada letra no canto superior direito.

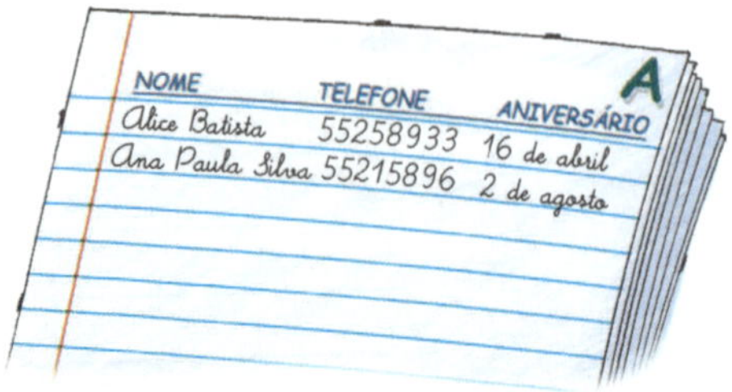

2. Escreva nas folhas o nome, o telefone e a data de aniversário dos colegas de acordo com a letra inicial do nome deles.

3. Pegue papel-cartão ou cartolina para fazer a capa e a quarta capa e recorte-o no mesmo tamanho das folhas.

4. Ilustre a capa da agenda com desenhos ou colagens. Escreva "Agenda telefônica" e abaixo, seu nome.

5. Junte todas as folhas e coloque a capa por cima e a quarta capa por baixo.

6. Peça ao professor que grampeie tudo.

Sua agenda está pronta!

Ortografia

c, g; b, p

1 Qual é o animal preferido de Caio? Leia as dicas.

Iaflor/Getty Images

2 Agora veja se você acertou. Complete as palavras da frase com as sílabas **cai** ou **gai**.

O nome do menino é ....o e o nome do seu animal favorito é papa............o.

Caio – papa**gai**o

- Complete a frase abaixo com uma das palavras entre parênteses.

  As sílabas que você escreveu têm som ....
  (igual/diferente)

3 Troque a letra **c** pela letra **g** e forme novas palavras. Veja o exemplo.

a) fica ⟶ figa

b) cato ⟶ ....

c) paca ⟶ ....

d) cola ⟶ ....

4 Junte as sílabas das fichas de cores iguais e escreva as palavras formadas na coluna adequada.

ja	go	co	gol	co
co	ca	cá	ti	lei
a	bu	me	lei	mun
don	go	ca	lo	ra
ra	go	ga	ba	ro
gu	pe	dor	do	na

g	c	c/g
....	....	....
....	....	....
....	....	....

- Agora, escreva o nome dos animais das fotos. **Dica**: os nomes estão entre as palavras que você formou com as fichas acima.

Artur Keunecke/Pulsar Imagens

E R Degginger/Getty Images

Ger Bosma/Alamy/Latinstock

....

5 Encontre no diagrama palavras iniciadas com as letras **b** e **p**.
Dica: observe as imagens.

Karkas/Shutterstock

G R N D Q E U J B N
P L K U Y R E T U A
N T U F I A T R L G
V H G R E S W T A U
E I B A T A Y A T E
R T R E W Q V B A R
T A D I M P I L Z M
A X C V S A Q W P A
N Ñ T P B N Z U T I
I C X I S A L M N O
M C G N P J D I B F
Í A N G E A R Í F E
V J N O R G N G R E
B E A L P E L O S N
L Ó N E C D J N O B
D G R A R I N E J E

Oliver Ring/Alamy/Latinstock

ifong/Shutterstock

De Jongh Photography/Shutterstock

a) Escreva as palavras que você encontrou no diagrama.

Palavras iniciadas com a letra **b**	Palavras iniciadas com a letra **p**
....	....
....	....

b) Troque, nas palavras que você encontrou, o **b** por **p** e o **p** por **b** e forme novas palavras.

Troca de **b** por **p**	Troca de **p** por **b**
....	....
....	....

6 Escreva **c**, **g**, **b** ou **p** nos espaços para completar o nome das figuras abaixo.

Vlad.Romensky/Shutterstock

..........an..........orra

Kzenon/Shutterstock

..........adeiro

volodyar/Shutterstock

..........arfo

Polych/Shutterstock

..........ara..........ol

Alexander Raths/Shutterstock

..........or..........o

carballo/Shutterstock

..........oné

Chaiya/Shutterstock

..........anso

aperturesound/Shutterstock

..........a..........ide

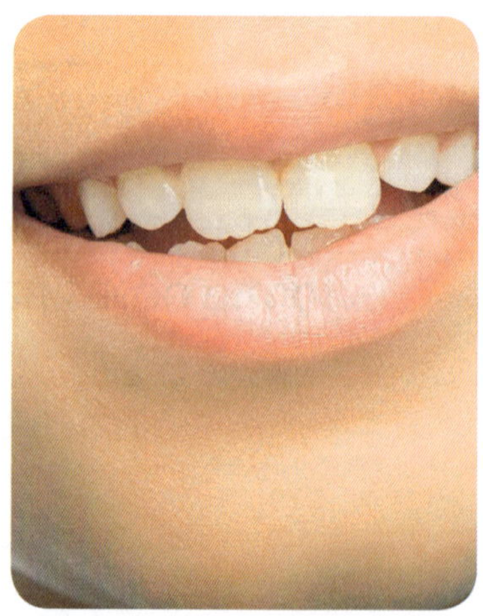

SLP_London/Shutterstock

..........oca

De olho no dicionário

Você sabe o que é um verbete? **Verbete** é cada palavra de um dicionário acompanhada de seu(s) significado(s).

Ao consultar um dicionário, é preciso ler todas as informações que o verbete traz. Observe.

CABELO - CAÇAR ← O primeiro e o último verbete desta página.

Cc ← A primeira letra dos verbetes desta página.

A B Cc D E F G H I J K L M N O P Q R S T U V W X Y Z

CABELO (CA-BE-LO) (*substantivo*)
Cabelo é cada pelo da cabeça ou o conjunto de todos os pelos dela.

CABELUDO (CA-BE-LU-DO) (*adjetivo*)
1. Cabeludo é a pessoa que tem cabelo demais. Também pode ser quem tem cabelo comprido.
2. Também significa algo que é complicado, difícil. *A família está passando por um problema **cabeludo**.*

CABER (CA-BER) (*verbo*)
Caber é poder estar dentro de alguma coisa.
*Ela apertou as roupas para que **coubessem** na mala.*

CABRA (CA-BRA) (*substantivo*)
Cabra é um animal mamífero; a fêmea do bode.

Um dos verbetes desta página. → **CABRA-CEGA** (CA-BRA-CE-GA) (*substantivo*)
É um jogo infantil. Um participante fica com os olhos cobertos e deve tentar agarrar os outros. Ele será substituído no jogo pela criança que ele conseguir pegar primeiro.

CABRESTO (CA-BRES-TO) (*substantivo*)
Cabresto é uma tira de couro que se prende à cabeça de um animal. Ela serve para controlar os movimentos dele.

CAÇA (CA-ÇA) (*substantivo*) ← A separação silábica da palavra.
1. Caça é o ato de caçar.
2. Também pode significar o grupo de animais caçados.

CAÇADOR (CA-ÇA-DOR)
1. (*adjetivo*) É o que faz a caça ou a pratica.
2. (*substantivo*) É a pessoa que pratica a caça. *Joaquim era um **caçador** muito experiente.*

CAÇAR (CA-ÇAR) (*verbo*)
Caçar é tentar pegar animais que vivem em matas ou florestas, para matá-los ou prendê-los, ou as duas coisas.

49

Meu primeiro dicionário escolar da língua portuguesa, de Waldemar Ferreira Netto. São Paulo: Scipione, 2006.

- Escolha no **Minidicionário** um verbete que comece com a letra **p** e outro que comece com a letra **b**. Copie o verbete.

....

....

....

....

Capítulo 3

Vogais e consoantes

As letras do nosso alfabeto classificam-se em **vogais** e **consoantes**. Veja:

A	B	C	D	E	F	G	H	I	J	K	L	M
N	O	P	Q	R	S	T	U	V	W	X	Y	Z

As letras **a**, **e**, **i**, **o**, **u** são chamadas de **vogais**.

As letras **b**, **c**, **d**, **f**, **g**, **h**, **j**, **l**, **m**, **n**, **p**, **q**, **r**, **s**, **t**, **v**, **x**, **z** são chamadas de **consoantes**.

A letra **k** tem som de consoante (como em Karina), a letra **y** tem som de vogal (como em Yuri) e a letra **w** pode ter som de vogal (no caso de William) ou de consoante (no caso de Wagner).

Existem palavras formadas apenas por vogais: **eu**, **oi**, **ué**.

Existem palavras formadas por vogais e consoantes: **areia**, **pedra**, **cal**.

Mas não existe palavra formada só por consoantes!

Fique por dentro!

Na língua portuguesa não existe palavra sem vogal.

N Azlin Sha/Shutterstock

Atividades

1 No alfabeto abaixo estão faltando algumas letras. Escreva-as.

	B	C	D		F	G	H		J	K	L	M
N		P	Q	R	S	T		V	W	X	Y	Z

a) Como se chamam as letras que você escreveu?

....

b) Agora, circule as letras de seu nome com lápis colorido e responda.

- Quantas e quais vogais você circulou?

....

- Quantas e quais consoantes você circulou?

....

2 Vamos brincar de ***Stop***? Quando o professor disser "já", escreva em cada coluna duas palavras iniciadas pela consoante indicada. Quem terminar primeiro grita *Stop*!.

Nomes de frutas iniciados com **m**	Nomes de brinquedos iniciados com **b**	Nomes de animais iniciados com **g**
....	....	....
....	....	....

- Agora, escreva esses nomes em ordem alfabética.

....

....

3 O que é, o que é? Escreva as respostas nos espaços. Eles indicam a quantidade de letras.

Dica: as respostas começam com vogal.

Tem dentes e não tem boca.
Tem cabeça e não tem pés.

....

É uma casinha sem porta
E sem janela.

....

Eles são vizinhos,
Mas um não vai à casa do outro
E nunca se veem por causa de um morrinho.

....

Dica: as respostas começam com consoante.

Sou rei, mas não tenho reino.
Sou louro, mas não tenho cabelos.
Acerto relógios
Sem ser relojoeiro.

....

É difícil de catar,
Muito embora não pareça.
Bota ovo, mas não tem pena
E anda com os pés na cabeça.

....

Quanto mais ela seca,
Mais fica molhada.

....

4 No quadrinho abaixo estão faltando algumas vogais. Vamos completar?

A sabedoria de Charlie Brown, de Charles M. Schulz. Tradução de Edu Fernandes. São Paulo: Vergara & Riba Editoras, 2015.

T..........D.......... M..........ND.......... D..........V..........A TER UM

C..........CH..........RR.......... P..........R.......... CUMPR..........M..........NTÁ-LO

QU..........ND.......... CH..........G.......... EM C..........S..........!

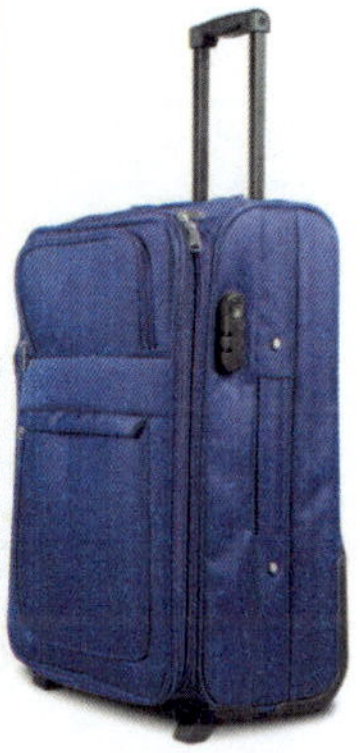

Fotonium/Shutterstock

5 Junte-se com um colega e descubram novas palavras:

a) trocando as vogais destacadas;

b**a**l**a** ⟶ ....

m**o**l**e** ⟶ ....

g**a**l**o** ⟶ ....

Swapan Photography/ Shutterstock

b) trocando as consoantes destacadas.

ga**t**o ⟶ ....

bo**nd**e ⟶ ....

sa**l**a ⟶ ....

....

Ortografia

sc, sç

1 Leia as frases e observe as palavras destacadas.

Os seres vivos **nascem**, crescem, podem se reproduzir e morrem.

Para que a planta **cresça,** ela precisa de terra, água, ar e da luz do Sol.

O corte das árvores é muito mais rápido que o seu **crescimento**.

Todos os dias **desço** pelo elevador e levo meu cachorro para passear.

Fique por dentro!

Na separação silábica, as letras **sc** e **sç** ficam em sílabas separadas.

a) Agora, complete o quadro com as palavras destacadas.

Palavras	Com sc	Com sç	Separação de sílabas
....	....	....	....
....	....	....	....
....	....	....	....
....	....	....	....

b) Observe as palavras que você escreveu e complete as frases.

Usamos as letras **sc** antes das vogais .... e ....

Usamos as letras **sç** antes das vogais .... e ....

2 Escreva **sc** ou **sç** para completar as palavras.

na..........imento	cre..........o	con..........iência
de..........a	flore..........er	di..........iplina
pi..........ina	de..........o	cre..........ente
na..........ente	cre..........am	con..........iente

- Agora, escolha entre as palavras acima aquelas que completam as frases.

  a) Davi nada muito bem na .... do clube.

  b) Eu .... todos os dias a escada do prédio onde moro.

  c) .... é uma das fases da Lua.

  d) Veremos o jardim do sítio do meu avô .... na primavera.

  e) O .... do irmãozinho de Gabriela foi uma emoção para ela.

  f) Fica no Peru a .... do rio Amazonas.

  g) O desejo dos pais é que seus filhos .... saudáveis.

3 Preencha a cruzadinha com palavras com **sc** e **sç**.

5 letras	desça
6 letras	cresço
7 letras	piscina
11 letras	decrescente
12 letras	fluorescente

Capítulo 4

Encontro vocálico

Leia este trava-língua em voz alta.

O rápido rato da **rua roeu** a **roupa** do ranzinza **rei** de Roma.

Você reparou que nas palavras destacadas há duas ou mais vogais juntas? Nessas palavras, temos o encontro de vogais.

Veja:

r**ua** | r**oeu** | r**ou**pa | r**ei**

Quando duas ou mais vogais aparecem juntas na mesma palavra, elas formam um **encontro vocálico**.

O encontro vocálico pode ocorrer:

- na mesma sílaba: r**ou**-pa;
- em sílabas diferentes: r**u**-**a**.

Agora, observe os encontros vocálicos das palavras a seguir e como elas se separam.

fl**au**-ta | s**a**-**í**-da | U-ru-g**uai**

Heath Doman/Shutterstock

Silvestre Machado/Opção Brasil Imagens

byvalet/Shutterstock

Atividades

1 Leia um trecho da história **A horta do vovô Manduca** e complete as palavras destacadas com os encontros vocálicos do quadro.

ia	io	ão

Essa **histór**........... começa num tempo em que não **exist**........... *smartphone*, internet nem canal de desenho só para **cr**...........**nça,** numa cidadezinha bem pequena chamada Caramujo. Nessa cidade, sem **préd**...........**s,** avenidas ou pontes, **exist**........... um vovô chamado **Jo**........... Manduca. [...]

A horta do vovô Manduca, de Débora Rubin de Toledo. São Paulo: Lafonte, 2012.

2 Complete o nome dos seguintes animais com encontros vocálicos.

bes...........ro j...........ninha p...........xe papag...........

3 Circule o único objeto que não apresenta encontro vocálico na escrita de seu nome.

- Agora, escreva o nome dos objetos que você não circulou.

....

4 Encontre no diagrama cinco palavras com encontros vocálicos e circule-as.

P	H	T	C	Y	C	T	X
B	E	S	O	U	R	O	T
L	Ç	O	R	Q	Á	A	W
R	V	T	A	K	D	L	K
M	A	B	Ç	L	I	H	U
E	Q	X	Ã	R	O	A	P
Ç	W	Z	O	F	G	D	S
L	I	V	R	A	R	I	A
T	A	L	K	R	V	C	Y

- Agora, responda às adivinhas. **Dica**: as respostas estão no quadro.

a) Inseto que tem duas asas finas, cobertas por duas asas grossas e duras como casco.

....

b) Órgão do nosso corpo que bate sem parar.

....

c) Estabelecimento onde são vendidos livros.

....

d) Peça usada para secar o nosso corpo após o banho.

....

e) Meio de comunicação pelo qual podemos ouvir músicas, notícias, etc.

....

5 Leia as palavras em voz alta e separe suas sílabas. Depois, circule os encontros vocálicos e marque um **X** na coluna correspondente. Veja o exemplo.

Palavras	Sílabas	Encontros vocálicos	
		na mesma sílaba	em sílabas diferentes
cadeira	ca-dei-ra	X	
saúde			
mingau			
bailarina			
alegria			

6 Complete as frases com o nome das árvores frutíferas. **Dica**: todas as palavras têm encontro vocálico.

a) A árvore que dá abacate é o ....

b) A árvore que dá pera é a ....

c) A árvore que dá limão é o ....

d) A árvore que dá manga é a ....

e) A árvore que dá maçã é a ....

f) A árvore que dá laranja é a ....

7 Descubra outras palavras dentro das citadas abaixo. **Dica**: as novas palavras têm encontro vocálico.

Alexander Prosvirov/Shutterstock

besouro ....

Cathy Keifer/Shutterstock

camaleão ....

Ortografia

d, t; f, v

1 Observe a capa de dois gibis. Você conhece estes personagens?

①

②

Imagens: Abril Jovem

- Escreva o título dos dois gibis. Depois, circule de vermelho as letras **d** e de azul as letras **t**.

  1 ⟶ ....

  2 ⟶ ....

2 Leia mais um trecho do livro **A horta do vovô Manduca** e preencha os espaços com as letras **d** ou **t**.

> [...] Vovô Man......uca era casa......o com vovó do Carmo e ......inha oi......o filhos e qua......ro ne......inhas, Ri......inha, Bea, Deda e Cici. As quatro gos......avam de brincar na rua, subir na goiabeira, ficar olhando o galinheiro e ver o vovô cui......an......o ......e sua hor......a. Tinha de ......u......o na horta do vovô Manduca: abobrinha, chuchu, berinjela, cebolinha, alface e a......é um mamoeiro que era meio mixuruca, só dava mamão uma vez por ano. [...]
>
> **A horta do vovô Manduca**, de Débora Rubin de Toledo. São Paulo: Lafonte, 2012.

3 Complete o nome dos animais abaixo. **Dica**: todos eles têm a letra **f** ou a letra **v**.

Danita Delimont/Getty Images

......o......a

Matt9122/Shutterstock

g......h......

Keneva Photography/Shutterstock

g......ã......

RusticBoy/Shutterstock

......m......g......

Adrian Abacioaei/Shutterstock

a......u......

smereka/Shutterstock

......a......l......

Unidade 1

Capítulo 5

Encontro consonantal

Observe a capa do livro abaixo e leia o título da história.

A menina que acordava as palavras, de Nani. São Paulo: Melhoramentos, 2010.

Observe que há duas consoantes juntas nas palavras: aco**rd**ava e pala**vr**as.

Quando duas ou mais consoantes aparecem juntas na mesma palavra, elas formam um **encontro consonantal**.

Fique por dentro!

No encontro consonantal, cada consoante representa um som.

O encontro consonantal pode ocorrer:

- na mesma sílaba: pa-la-**vr**as;
- em sílabas diferentes: a-co**r**-**d**a-va.

Fique por dentro!

Na separação silábica, as letras que formam o encontro consonantal podem estar na mesma sílaba ou em sílabas diferentes.

Atividades

1 Acrescente nas palavras a consoante **r** ou **l** depois da primeira letra e forme outras palavras com encontros consonantais. Siga o exemplo.

pato ⟶ prato .... pena ⟶ ....

pego ⟶ .... fecha ⟶ ....

fio ⟶ .... boa ⟶ ....

feio ⟶ .... gato ⟶ ....

caro ⟶ .... pano ⟶ ....

paca ⟶ .... tem ⟶ ....

2 Observe as imagens. Escreva o nome dos materiais escolares em que há encontro consonantal.

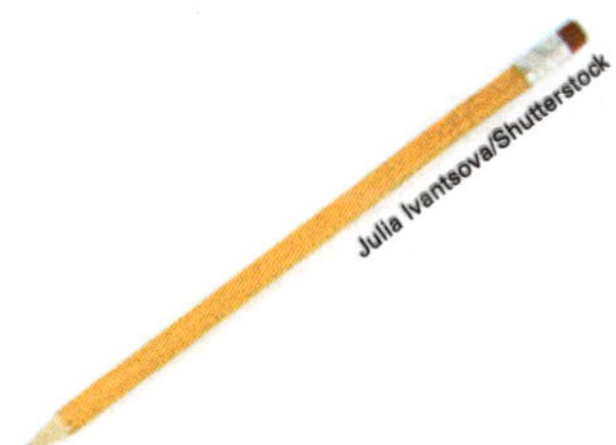

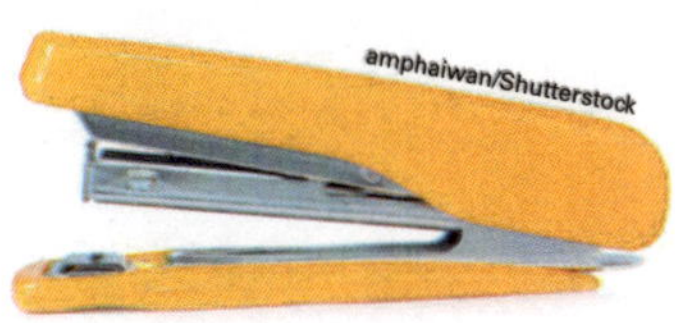

....

- Agora, escreva o nome dos materiais em que há encontro vocálico.

....

3 Leia esta cantiga.

O meu galinho

Faz três noites que eu não durmo
Pois perdi o meu galinho.
Coitadinho, olá, lá,
Pobrezinho, olá, lá,
Eu perdi lá no jardim.
Ele é branco e amarelo,
Tem a crista vermelhinha.
Bate as asas, lá, lá,
Abre o bico, olá, lá
Ele faz quiriquiqui.
Já rodei o Mato Grosso,
Amazonas e Pará.
Encontrei, olá, lá,
Meu galinho, olá, lá
No sertão do Ceará.

Cantiga popular.

- Circule os encontros consonantais do texto. Depois, copie as palavras que você circulou:

a) na mesma sílaba;

....

....

....

b) em sílabas diferentes.

....

....

....

4 Observe as imagens destes animais.

Ger Bosma/Getty Images

Abeselom Zerit/Shutterstock

Menno Schaefer/Shutterstock

Matt Jeppson/Shutterstock

woraananphoto/Shutterstock

Thomas Marent/Getty Images

PCHT/Shutterstock

Patrick Foto/Shutterstock

- Agora, escreva, em ordem alfabética, o nome dos animais que têm encontro consonantal.

1 → ....

2 → ....

3 → ....

4 → ....

5 → ....

6 → ....

5 Leia as palavras do quadro em voz alta e siga o exemplo.

Palavra	Separação silábica	Encontro consonantal na mesma sílaba	Encontro consonantal em sílabas diferentes
cobertura	co-ber-tu-ra		X
surpresa			
cratera			
esporte			
reciclagem			

Ortografia

h inicial

1 Leia o texto.

Pense bem! Nós falamos muito de **ecologia**, dizemos que é preciso cuidar da Terra, para que ela não morra... Mas na verdade a gente tem que cuidar da Terra para que as pessoas não fiquem doentes e não morram antes da **hora**. Se **acabar** a vida na Terra, ela vai continuar rodando no **espaço** como sempre. Nós, os **humanos**, é que perderemos não só nossas vidas mas esse fenômeno **incrível** que é a VIDA!

Almanaque Ruth Rocha, de Ruth Rocha. São Paulo: Ática, 2008.

a) Pronuncie em voz alta as palavras destacadas no texto. O que elas têm em comum?

....

b) A letra **h** no início das palavras representa algum som?

....

c) Escreva essas palavras na coluna adequada.

Começam com h	Começam com **vogal**
....	....
....	....
....	....
....	....

2 Marque um **X** nas figuras cujo nome começa com a letra **h**.

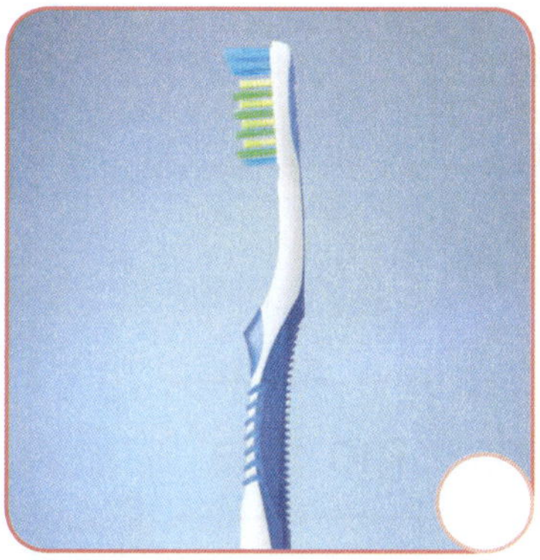
gresei/Shutterstock

Gerrit_de_Vries/Shutterstock

JManuel Murillo/Shutterstock

Nadezda Murmakova/Shutterstock

Rubens Chaves/Pulsar Imagens

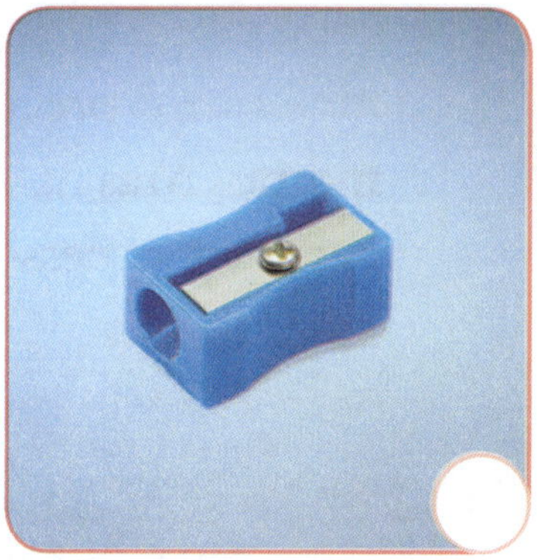
Gelpi JM/Shutterstock

- Agora, responda às adivinhas de acordo com as figuras.

a) Meio de transporte aéreo.

....

b) Terreno onde se cultivam verduras e legumes.

....

c) Mamífero enorme de focinho largo e boca grande.

....

3 **Desafio!** Quantas palavras iniciadas com **h** você consegue formar com as letras do quadro? **Dica**: Você poderá usar a mesma letra mais de uma vez para formar as palavras.

....

....

....

h +

o	i	r
a	n	t
e	g	m

4 Ordene as sílabas e escreva as palavras.

li	to	pon	he

....

gi	ne	e	hi

....

ção	ha	ta	bi

....

hu	ris	mo	ta

....

pi	hos	tal

....

ho	a	la	te	ri

....

5 Junte-se com um colega e escrevam nomes de homens e de mulheres iniciados com **h**.

deeepblue/Shutterstock

bbevren/Shutterstock

....

....

....

....

....

....

6 Você já sabe ver as horas? Então, observe os relógios e complete as frases.

Hurst Photo/Shutterstock

monticello/Shutterstock

São ....

São ....

De olho no dicionário

1. Escreva **V** para verdadeiro ou **F** para falso. No dicionário:

a) ◯ o verbete **habitante** vem depois de **habitação**.

b) ◯ o verbete **handebol** vem antes de **hálito**.

c) ◯ o verbete **hipopótamo** aparece entre os verbetes **higiene** e **história**.

d) ◯ o verbete **honra** vem depois de **hora**.

2. Leia o verbete ***habitat*** no **Minidicionário**.

a) Que exemplo foi dado para o uso dessa palavra?

....

b) Escreva outra frase para exemplificar o uso dessa palavra.

....

....

3. Responda, consultando o **Minidicionário**.

a) Que palavra da letra **B** significa "embarcação grande e plana"?

....

b) Que palavra da letra **F** significa "boneco movimentado por fios ou com as mãos"?

....

c) Que palavra da letra **S** significa "lugar naturalmente repleto de árvores, onde vivem muitos animais selvagens"?

....

d) Que palavra da letra **Z** significa "pessoa encarregada de cuidar da limpeza e conservação de um prédio"?

....

Capítulo 6

Dígrafo

Leia os quadrinhos.

Calvin e Haroldo: e foi assim que tudo começou, de Bill Watterson.
São Paulo: Conrad do Brasil, 2013.

Leia as palavras do quadro abaixo em voz alta e observe o som dos grupos de letras destacadas.

armadi**lh**a	sandu**í**ch**e**	bu**rr**os

Os grupos de letras **lh**, **ch** e **rr** representam um único som.

> Quando um grupo de duas letras representa um único som, temos um **dígrafo**.

Veja outros dígrafos da língua portuguesa.

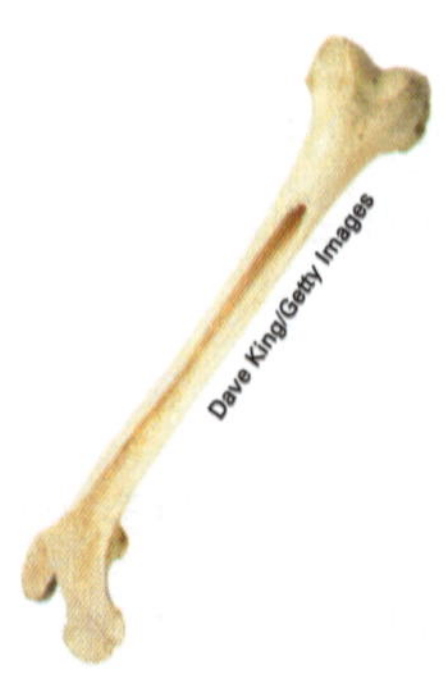

ni**nh**o | o**ss**o | **gu**itarra | **qu**eijo

Atividades

1 Marque com um **X** apenas as palavras que contêm dígrafo:

( ) rei ( ) velha ( ) ginástica
( ) parreira ( ) vela ( ) guitarra
( ) sono ( ) chaleira ( ) unha
( ) assoalho ( ) xale ( ) quiabo

2 Observe a capa dos livros e complete as frases.

a)

Reprodução/Editora Scipione

A história de ....

....

foi criada há muito tempo.

b)

Reprodução/Editora Moderna

O livro ....

....

foi escrito por Ricardo Azevedo.

- Agora, circule os dígrafos das palavras que você escreveu.

3 Distribua as palavras do quadro de acordo com as indicações.

bezerro	troco	quadrado	minhoca
blusa	problema	chinelo	passeio
brotoeja	planeta	crescer	

Dígrafo: ....

....

Encontro consonantal: ....

....

Fique por dentro!

Não confunda dígrafo com encontro consonantal. No dígrafo, as duas letras representam apenas um som. No encontro consonantal, cada letra tem um som diferente.

4 Observe as figuras e escreva dígrafos para completar as palavras da cruzadinha.

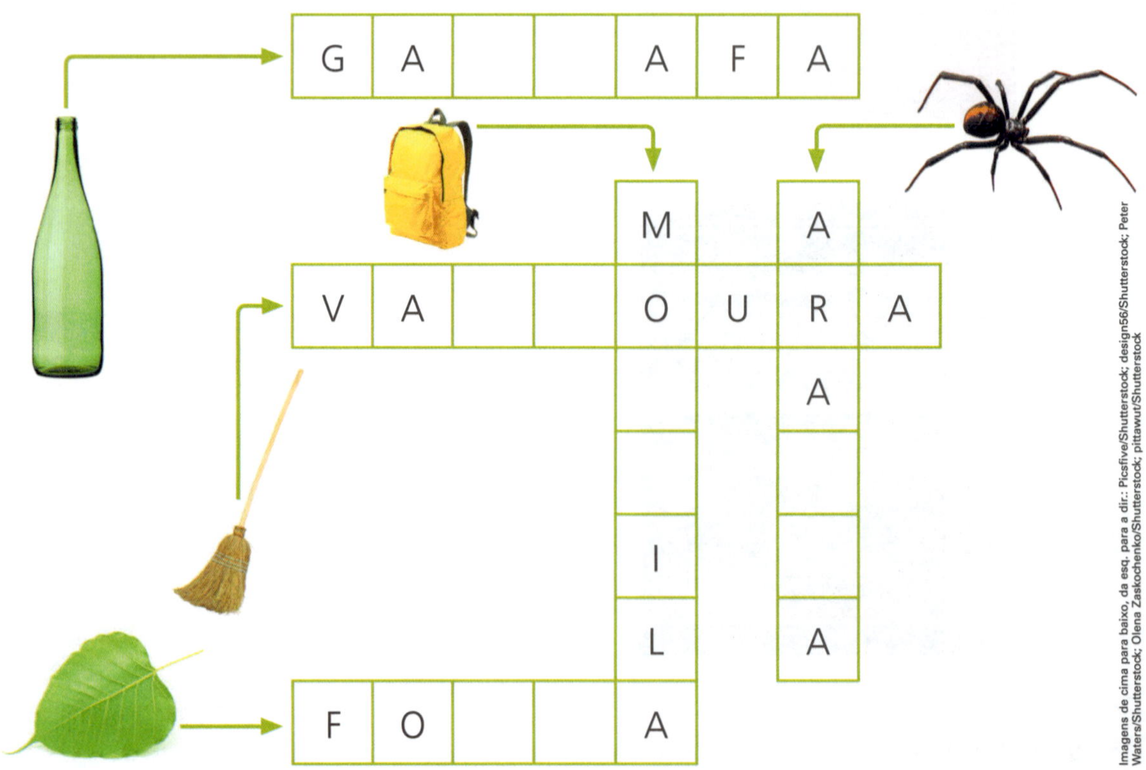

Imagens de cima para baixo, da esq. para a dir.: Picsfive/Shutterstock; design56/Shutterstock; Peter Waters/Shutterstock; Olena Zaskochenko/Shutterstock; pittawut/Shutterstock

5 Complete as palavras com as sílabas do quadro. Depois, escreva-as nas linhas.

> **!** Na separação de sílabas, as letras dos dígrafos **lh**, **nh**, **ch**, **gu** e **qu** permanecem juntas. As letras dos dígrafos **rr**, **ss** e **sc** ficam separadas.

lher	ro	qui	nho	sa	gue	cho

George Dolgikh/Shutterstock

car	

....

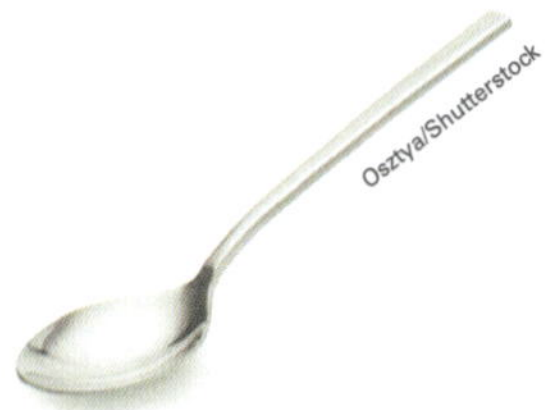

Osztya/Shutterstock

co	

....

nelik/Shutterstock

es		lo

....

Volosina/Shutterstock

	co	la	te

....

Mike Truchon/Shutterstock

pas		ri	

....

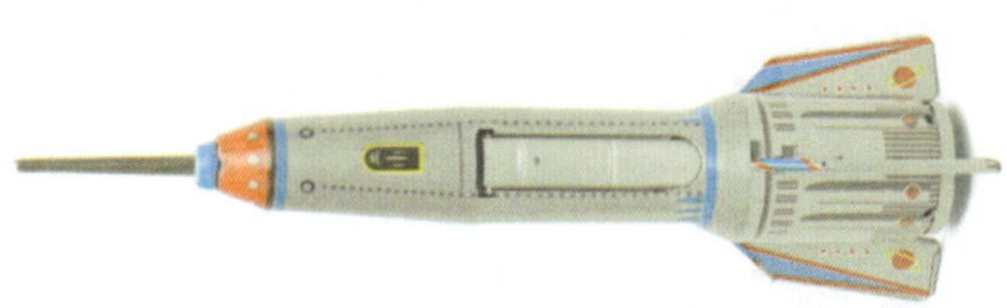

Mega Pixel/Shutterstock

fo		te

....

Ortografia

lh, l; nh

1 Leia a frase e circule de azul a palavra que tem **lh** e de verde as palavras que têm **li**.

Emília mostra à sua família a medalha que recebeu.

Fique por dentro!
As letras **lh** e **li** têm pronúncia parecida. Cuidado para não se confundir!

2 Leia a frase e observe as palavras destacadas.

Durante o **sono** tive um **sonho** bonito!

- Responda: o que faz a palavra **sono** virar a palavra **sonho**?

....

3 Circule no diagrama três palavras com **lha** e três palavras com **lia** e copie-as.

A	R	Q	S	R	S	A	S	S	C	R	G	B	N	S
C	W	I	Z	M	O	B	Í	L	I	A	U	R	U	B
V	K	T	E	A	W	E	J	R	S	P	T	A	Q	G
T	B	V	O	V	E	L	H	A	A	A	V	S	A	U
U	T	A	V	S	K	H	S	I	T	L	C	Í	V	T
G	M	Q	D	P	T	A	H	S	Y	H	R	L	T	V
B	Z	U	P	W	A	E	T	H	L	A	H	I	Z	C
S	A	N	D	Á	L	I	A	X	U	D	C	A	Q	A

....

4 Escreva cada frase ao lado da respectiva cena.

Os passarinhos nasceram no ninho.

O pintinho amarelinho cisca o chão com seu pezinho.

Kaesler Media/Shutterstock

....

....

....

Cheryl E. Davis/Shutterstock

....

....

....

5 Leia este diálogo.

a) Na sua opinião, quem está certo?

....

b) Abra seu **Minidicionário** na letra **f** e confirme sua resposta.

Capítulo 7 Sílaba e número de sílabas

Você sabe o que faz um saltimbanco? Leia abaixo um trecho do poema **Saltimbada**.

Dia brinquedo, de Fernando Paixão. São Paulo: Ática, 2004.

No poema que você leu, algumas palavras tiveram suas partes separadas. Para transmitir a ideia de movimento, o autor dividiu a palavra **Saltimbanco** em quatro partes.

Veja:

Sal	tim	ban	co

Cada uma dessas partes da palavra é chamada de **sílaba**.

Sílaba é o som ou grupo de sons que se pronuncia de uma só vez.

Fique por dentro!

As palavras podem ter uma, duas, três, quatro ou mais sílabas.

Veja no quadro a classificação das palavras de acordo com o número de sílabas.

Palavras	Divisão silábica	Número de sílabas	Classificação
cá	cá	1	monossílaba
salto	sal-to	2	dissílaba
artista	ar-tis-ta	3	trissílaba
saltimbanco	sal-tim-ban-co	4	polissílaba

As palavras com cinco ou mais sílabas também são classificadas como polissílabas. Exemplo:

a-ma-re-li-nha → 5 sílabas → polissílaba

Atividades

1. Escreva as sílabas que faltam para formar o nome das frutas.

..........-ba-ca-..........

tan-..........-ri-..........

ma-..........

mo-ran-..........

ja-bu-..........-ca-..........

- Agora, escreva o nome da fruta que tem o maior número de sílabas e o nome da fruta com o menor número de sílabas, classificando-as.

....

2 Leia o bilhete e observe as palavras que tiveram sílabas separadas.

Laura,
No domingo eu vou com mi-
nha mãe e meu irmão ao ci-
nema. Você quer ir com
a gente?
Helena

- Escreva por que você acha que as sílabas das palavras **minha** e **cinema** foram separadas.

....

....

3 Leia uma charada poética.

Lá vão, de cor em cor,
pousam ou voam rasas
e ganham todo o jeito de uma flor
[com asas.

Ao sair do casulo – uma casca
[escura... –,
que felicidade!
E há quem bata palmas
e cante os parabéns...

E elas brincam
e não param nunca
porque descobrem a liberdade.

A charada da bicharada, de Alice Vieira. São Paulo: Publifolha, 2015.

- Pinte as partes pontilhadas para descobrir a resposta.

4 Escreva o nome do que você descobriu e separe as sílabas.

....

Essa palavra é:

◯ monossílaba.

◯ dissílaba.

◯ trissílaba.

◯ polissílaba.

5 Organize as sílabas de acordo com as cores e forme palavras.

chu	es	co	qui	es
co	bra	va	co	co
e	la	lho	lo	va

....

....

....

....

....

....

- Escreva, nos itens correspondentes, as palavras que você formou.

a) Nomes de animais que começam com a mesma sílaba.

....

b) Palavra dissílaba; indica um fenômeno da natureza.

....

c) Palavra dissílaba; é uma unidade de medida de massa (peso).

....

d) Palavras trissílabas; apenas a última sílaba é diferente. Uma palavra indica estabelecimento de ensino; a outra indica objeto utilizado para limpar.

....

De olho no dicionário

Em alguns dicionários as palavras aparecem divididas em sílabas.

1 Abra seu **Minidicionário** na letra **A**.

a) Qual é a palavra com maior número de sílabas? Quantas sílabas ela tem?

....

b) Qual é a palavra trissílaba que significa "lugar onde são vendidos diversos tipos de carne"?

....

c) Copie o nome da árvore que dá um fruto chamado açaí e classifique-o quanto ao número de sílabas.

....

2 Abra seu **Minidicionário** na letra **S** e copie:

a) as palavras polissílabas que têm **s** e **c** com o mesmo som:

....

b) uma palavra trissílaba que dá nome a um peixe: ....

c) três palavras monossílabas: ....

3 Abra seu **Minidicionário** na letra **P** e copie as palavras em que o **s** tem o mesmo som de **ss**.

....

4 Copie, da letra **C** do seu **Minidicionário**, as palavras que pertencem à mesma família das palavras a seguir.

encenar → ....

cidadania → ....

certo → ....

circense → ....

Ortografia

s, ss; c, ç

1 Leia as palavras do quadro em voz alta e preste atenção no som das letras destacadas.

sapato	palha**ç**o	diver**s**ão	a**ç**úcar	profe**ss**ora
ma**ss**a	**c**inema	**s**en**s**ível	**c**elular	li**ç**ão

- Agora, complete a frase com uma das palavras entre parênteses.

  Todas as letras destacadas têm som ....
  (diferente/semelhante)

2 Distribua as palavras da atividade 1 no quadro conforme indicado:

s	....
ss	....
c	....
ç	....

3 Escreva o nome das figuras a seguir.

Gregoria Gregoriou/Getty Images

leungchopan/Shutterstock

anyaivanova/Shutterstock

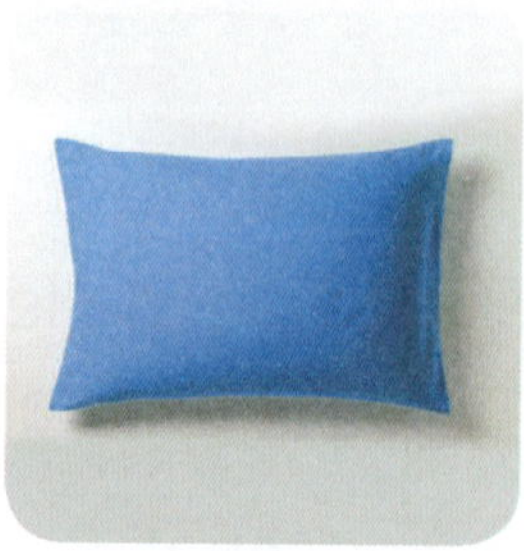
GalapagosPhoto/Shutterstock

....

4 Complete as palavras com **s**, **ss**, **c** ou **ç**.

a.........úcar

.........ábado

pen.........amento

aniver.........ário

.........inema

so.........egado

almo.........ei

almo.........o

en.........ino

.........edo

dan.........arina

ma.........io

> Usa-se **s** no início da palavra e depois de consoante.
>
> Usa-se **ss** entre duas vogais.
>
> Usa-se **ç** somente antes das vogais **a**, **o** ou **u** e nunca em início de palavra.

5 O que é, o que é? Responda com base nas dicas.

a) Personagem do folclore brasileiro. Começa com a letra **s**.

....

b) Árvore cujos frutos são maçãs. A segunda sílaba é **ci**.

....

c) Um dos meses do ano. A última sílaba tem **ç**.

....

d) Parte do corpo humano. A primeira sílaba é **cé**.

....

e) Réptil enorme que viveu na Terra há milhões de anos. Tem **ss**.

....

6 Escreva na coluna correta as palavras que o professor vai ditar.

s	ss	c	ç
....	....	....	....
....	....	....	....
....	....	....	....

Capítulo 8
Sílaba tônica

Leia o texto.

Controle remoto

Junto com o bebê a cegonha traz um controle remoto.

Que coisa prática para pais que ainda não entendem o que o filho está querendo dizer ou fazer!

O bebê abre o berreiro e os pais entram em desespero? Basta apontar o aparelho para o menino e apertar a tecla SAP (Serviço de Ajuda aos Pais) para ver que ele só tenta dizer "QUERO COMIDA!".

As outras teclas do controle são também muito práticas: STOP, PLAY, SLEEP, ALARM, MENU, REPEAT. O menino crescendo sob controle. Vai tudo muito bem. Até que, um dia, a pilha do aparelho acaba...

Controle remoto, de Tino Freitas. Rio de Janeiro: Manati, 2010.

Leia em voz alta as palavras retiradas do texto. A sílaba destacada é a mais forte da palavra, portanto pronuncie-a com mais força.

práticas   ce**go**nha   be**bês**

A sílaba que pronunciamos com mais força nas palavras é chamada de **sílaba tônica**.

A sílaba tônica varia de posição de acordo com a palavra. Observe a posição em que ela pode aparecer:

Antepenúltima	Penúltima	Última
prá	ti	cas
ce	**go**	nha
	be	**bês**

Dependendo da posição da sílaba tônica, as palavras podem ser classificadas em:

- **oxítonas**: quando a sílaba tônica é a **última**.

apon**tar**

- **paroxítonas**: quando a sílaba tônica é a **penúltima**.

me**ni**no

- **proparoxítonas**: quando a sílaba tônica é a **antepenúltima**.

lágrima

Atividades

1 Descubra o segredo e distribua as palavras nas colunas correspondentes.
Dica: observe a sílaba tônica da primeira palavra de cada coluna.

balão	casamento	borboleta
último	pêssego	pote
espetáculo	patins	café

pétalas	sapato	futebol

2 Leia as palavras e separe as sílabas. Depois, circule a sílaba tônica e indique sua posição. Veja o exemplo.

Cada palavra possui apenas uma sílaba tônica.

Palavra	Separação silábica	Posição da sílaba tônica
sábado	sá-ba-do	antepenúltima
plantação		
mecânico		
álbum		
cidade		
tamanduá		

3 Nestas palavras estão faltando as sílabas tônicas. Escreva-as.

inseti..........da

..........xa

his..........ria

hipo..........tamo

..........dico

..........culos

ho..........copo

assombra..........

rega..........

pai..........gem

A sílaba tônica pode ter acento gráfico ou não.

4 Leia em voz alta as palavras abaixo e circule a sílaba tônica.

espacial

planeta

sideral

Plutão

Lua

Astronomia

- Agora, escreva as palavras nos itens correspondentes.

a) É dissílaba, com sílaba tônica na última sílaba.

....

b) É dissílaba, com sílaba tônica na penúltima sílaba.

....

c) É trissílaba, com sílaba tônica na última sílaba.

....

d) É trissílaba, com sílaba tônica na penúltima sílaba.

....

e) É polissílaba, com sílaba tônica na última sílaba.

....

f) É polissílaba, com sílaba tônica na penúltima sílaba.

....

5 Leia este texto, retirado de uma revista infantil.

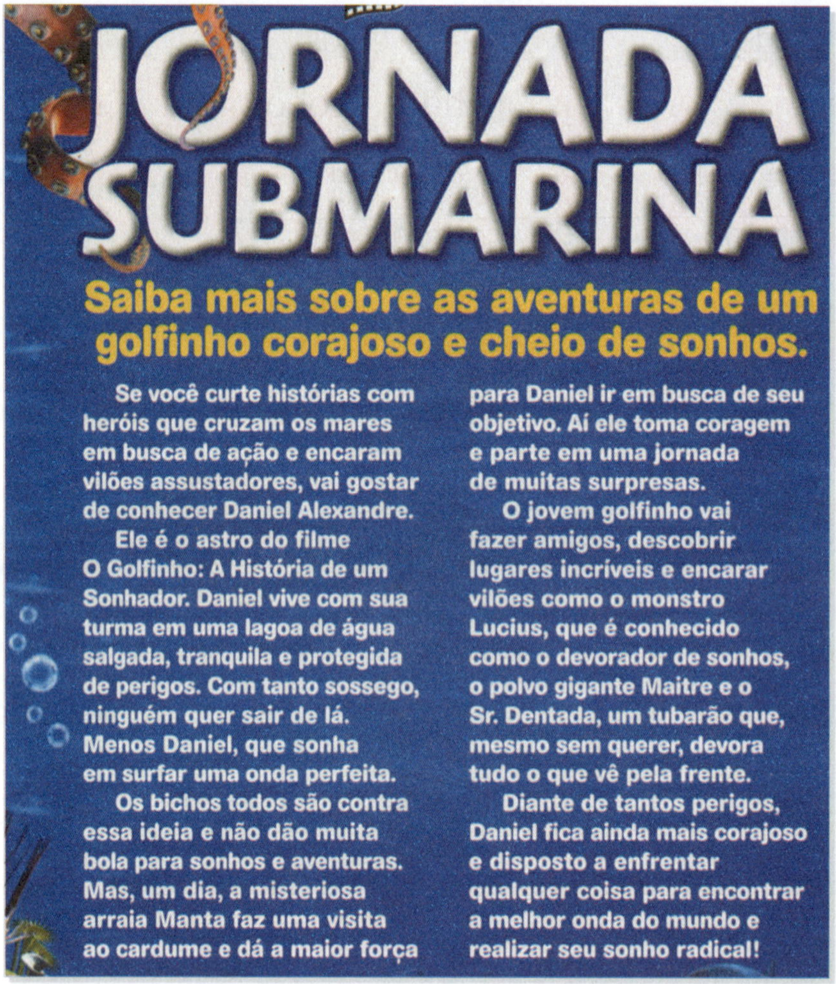

JORNADA SUBMARINA

Saiba mais sobre as aventuras de um golfinho corajoso e cheio de sonhos.

Se você curte histórias com heróis que cruzam os mares em busca de ação e encaram vilões assustadores, vai gostar de conhecer Daniel Alexandre.

Ele é o astro do filme O Golfinho: A História de um Sonhador. Daniel vive com sua turma em uma lagoa de água salgada, tranquila e protegida de perigos. Com tanto sossego, ninguém quer sair de lá. Menos Daniel, que sonha em surfar uma onda perfeita.

Os bichos todos são contra essa ideia e não dão muita bola para sonhos e aventuras. Mas, um dia, a misteriosa arraia Manta faz uma visita ao cardume e dá a maior força para Daniel ir em busca de seu objetivo. Aí ele toma coragem e parte em uma jornada de muitas surpresas.

O jovem golfinho vai fazer amigos, descobrir lugares incríveis e encarar vilões como o monstro Lucius, que é conhecido como o devorador de sonhos, o polvo gigante Maitre e o Sr. Dentada, um tubarão que, mesmo sem querer, devora tudo o que vê pela frente.

Diante de tantos perigos, Daniel fica ainda mais corajoso e disposto a enfrentar qualquer coisa para encontrar a melhor onda do mundo e realizar seu sonho radical!

Revista **Recreio**. São Paulo: Abril, ano 10, n. 500, 8 out. 2009.

- Agora, leia as sílabas do quadro e junte-as para formar palavras do texto que você acabou de ler. Depois, escreva-as abaixo de acordo com a descrição.

du	ção	ma	as	me	na	ta	tu	sus
sub	a	res	ri	rão	car	ba	do	

a) Uma palavra paroxítona com três sílabas: ....

b) Uma palavra oxítona com duas sílabas: ....

c) Uma palavra oxítona com três sílabas: ....

d) Uma palavra paroxítona com cinco sílabas: ....

e) Uma palavra paroxítona com quatro sílabas: ....

6 Leia o poema em voz alta e circule a sílaba tônica das palavras destacadas.

A fotografia

Seu **caracol**, tire a cara
pra fora de sua casca
– digo, de sua **casa**.

A dona **Minhoca comprou**
máquina de tirar **retrato**.
Já retratou meio **mundo**:
grilo, **perereca**, sapo e lagarto.

Coitada da dona Minhoca,
seu caracol.
Ela **sonha** com a sua **carinha**
olhando o **brilho** do sol.

Bicho que te quero livre, de Elias José. São Paulo: Moderna, 1998.

- Agora, escreva as palavras destacadas do poema no diagrama, colocando as sílabas tônicas nos quadrinhos coloridos.

Ortografia

ch, x

1 Leia esta manchete de jornal.

Motorista é levado por enxurrada durante chuva forte em Sorocaba

G1. Sorocaba e Jundiaí. 10 mar. 2015. Disponível em: <http://g1.globo.com/sao-paulo/sorocaba-jundiai/noticia/2015/03/motorista-e-levado-por-enxurrada-durante-chuva-forte-em-sorocaba.html>. Acesso em: 20 nov. 2015.

a) Pronuncie em voz alta as palavras destacadas na manchete.

b) Agora, complete a frase.

Nessas palavras, as letras **x** e **ch** apresentam som ....

2 Observe as fotos e escreva o nome de cada objeto. **Dica**: todas as imagens têm **ch** ou **x** no nome.

mushgn/Shutterstock

....

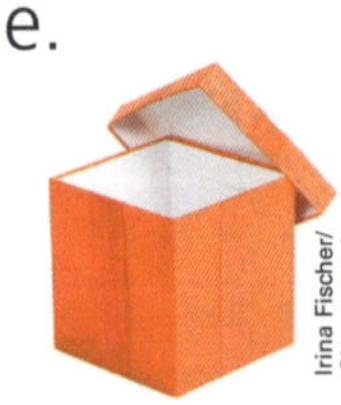
Irina Fischer/Shutterstock

....

Davydenko Yuiia/Shutterstock

....

pukach/Shutterstock

....

GoodVector/Shutterstock

....

Irina Fischer/Shutterstock

....

3 Pesquise, em jornais e revistas, palavras escritas com **ch** e com **x** representando o mesmo som. Recorte e cole-as no caderno.

De olho no dicionário

Podemos conferir se uma palavra é escrita com **ch** ou **x** procurando-a em um dicionário.

1. Complete as palavras com **ch** ou **x**. Se tiver dúvida, leia primeiro o significado de cada palavra em um dicionário.

   .... EQUE: chefe de tribo árabe; o mesmo que **xeique**

   .... EQUE: documento bancário com o qual se efetuam pagamentos

   FI .... A: cartão para anotações

   FI .... A: firme, estável, imóvel

   ME .... A: mova, movimente (do verbo **mexer**)

   ME .... A: porção de fios

   RO .... A: cor violácea

   RO .... A: massa de terra muito dura; o mesmo que **rochedo**

   .... Á: título dado aos antigos monarcas iranianos

   .... Á: bebida preparada com ervas

2. Procure no dicionário mais três palavras com **ch** e três com **x** que tenham o mesmo som.

   ....

   ....

   ....

   ....

Ideias em ação

Observe as cenas a seguir.

1

2

1. O que acontece na cena 1?

2. O que acontece na cena 2?

3. Escreva o que algumas crianças já escolheram.

Alice

A brincadeira tem o dígrafo **nh** no nome e cinco sílabas. Seu lanche tem o dígrafo **ch** e quatro sílabas.

Joel

A brincadeira começa com a letra **b** e com esse objeto ele vai brincar em um lugar cujo nome tem **sc**. Seu lanche tem no nome o dígrafo **ss**.

Vítor

A brincadeira termina com **z** e começa com **x**. Seu lanche tem no nome o encontro de três vogais e começa com **g**.

Unidade 2

O que vou estudar?

- Acento agudo e acento circunflexo
- Til e cedilha
- Sinais de pontuação: ponto-final, ponto de interrogação, ponto de exclamação, vírgula, travessão e dois-pontos
- Tipos de frase: declarativa, interrogativa e exclamativa
- Substantivo comum e substantivo próprio
- Substantivo coletivo

JORNAL

Capítulo 9 Acento agudo e acento circunflexo

Leia as parlendas.

Um, dois, feijão com arroz,
Três, quatro, feijão no prato,
Cinco, seis, falar inglês,
Sete, oito, comer biscoito,
Nove, dez, comer pastéis.

Parlenda popular.

A casinha da vovó
É coberta de cipó.
O café está demorando,
Com certeza, não tem pó.

Parlenda popular.

Algumas palavras da língua portuguesa apresentam os sinais ´ e ^ sobre as vogais. Eles são chamados de:

- **acento agudo** – past**é**is, vov**ó**, cip**ó**, caf**é**, est**á**, p**ó**, fa**í**sca, sa**ú**de, por exemplo;
- **acento circunflexo** – tr**ê**s, ingl**ê**s, est**ô**mago, c**â**mera, por exemplo.

O acento agudo (´) é usado sobre todas as vogais. Quando aparece sobre as vogais **e** e **o**, ele pode indicar que o som delas é aberto.

O acento circunflexo (^) é usado sobre as vogais **a**, **e**, **o** e indica que o som delas é fechado.

Atividades

1 Acentue as sílabas tônicas das palavras segundo o código.

♥	acento agudo
☺	acento circunflexo

musica	♥	matematica	♥	magica	♥
radio	♥	portugues	☺	tenis	☺
avo	☺	infancia	☺	onibus	☺
ginastica	♥	avo	♥	medico	♥

Fique por dentro!

A sílaba que leva acento agudo ou circunflexo é sempre a **sílaba tônica** da palavra.

2 Escreva o nome das crianças abaixo, colocando o acento corretamente.

Meninas: ....

Meninos: ....

Fique por dentro!

Nomes de pessoas também podem ter acento agudo ou circunflexo.

3 Escreva uma frase em que haja pelo menos uma palavra com acento agudo e outra com acento circunflexo.

....

....

4 Leia os quadrinhos e pinte as palavras em que faltam o acento agudo e o acento circunflexo. Depois, escreva essas palavras, acentuando-as.

Turma da Mônica. Disponível em: <www.monica.com.br/comics/tabloide/tab150.htm>. Acesso em: 15 dez. 2015.

....

5 Observe a diferença entre estas duas palavras.

Bill Bachmann/Alamy/Other Images

Banco de imagens/Arquivo da editora

Adaptado de: **Atlas geográfico escolar**. Rio de Janeiro: IBGE, 2007.

> O acento pode modificar a posição da sílaba tônica e também o significado da palavra.

- Agora, copie as palavras abaixo nos espaços para completar as frases corretamente.

pele	está	incômoda	bebe	secretaria
Pelé	esta	incomoda	bebê	secretária

a) A poltrona era muito alta e por isso bastante ....

b) O cheiro de cigarro me ....

c) .... foi um grande jogador.

d) Lavei minha .... com sabonete.

e) Você .... com fome? Coma .... torta.

f) O .... chora e .... leite.

g) Fui até a .... da escola conversar com a ....

6 Os acentos servem para marcar a pronúncia aberta ou fechada das vogais. Responda.

- Qual acento pode indicar som aberto? E qual indica som fechado?

....

No dia a dia

Como você sabe, o *e-mail* é, hoje em dia, um dos meios de comunicação mais utilizados por pessoas que querem rapidez e praticidade.

No entanto, pode acontecer de escrevermos o texto de nossos *e-mails* com tanta pressa que nos "esquecemos" de acentuar as palavras. Você costuma fazer isso?

- Leia abaixo um *e-mail* enviado por uma garota para uma de suas colegas de classe. Ela deixou de acentuar várias palavras. Sua tarefa é colocar os acentos agudo e circunflexo corretamente.

Mais

ESCREVER

Entrada (1)

Importante

Enviados

Rascunhos

Pessoal

Contatos

De: ursula@amiga.com.br

Para: mari@internetica.com.br

Data: segunda-feira, 15 maio 2016 13:30

Assunto: Prova de Matematica

N I S

Ola, Mari! Como voce ta? Comigo ta tudo otimo.

Como foi seu fim de semana? Foi ao zoologico no sabado com sua tia Heloisa? Conseguiu ver o tamandua que voce tanto queria?

Como voce não foi à escola hoje, resolvi te escrever. So queria lembrar que amanhã tem prova de Matematica. Eu acho que essa e a prova mais dificil de todas! Ainda bem que a professora Sonia e muito atenciosa e simpatica.

Bom, se precisar de ajuda, vem estudar comigo aqui em casa, ta? O Fabio, o Cesar e a Julia vem pra ca às 3 horas.

Beijos e ate amanhã,

Ursula

Ortografia

ja, je, ji, jo, ju

1 A letra **j** apresenta o mesmo som diante de qualquer vogal. Veja:

janela	jiboia	juiz	jiló	queijo
berinjela	joelho	pijama	justiça	sujeira

- Escreva as palavras do quadro acima nas colunas adequadas.

ja	je	ji	jo	ju

2 Circule no diagrama o nome de dez árvores que têm a letra **j**.

C	E	R	E	J	E	I	R	A	E	I	R	O	E	J
A	A	L	A	R	A	N	J	E	I	R	A	R	D	A
J	E	Q	U	I	T	I	B	Á	V	A	D	C	O	T
U	E	L	I	A	O	J	A	Q	U	E	I	R	A	O
E	J	A	M	B	E	I	R	O	A	J	A	C	R	B
I	J	A	C	A	R	A	N	D	Á	N	O	U	E	Á
R	D	J	E	N	I	P	A	P	E	I	R	O	J	J
O	E	R	E	G	E	I	J	U	A	Z	E	I	R	O

- Agora, escreva o nome das árvores em ordem alfabética.

3 Resolva as multiplicações. Depois, junte as sílabas de acordo com o resultado das operações e escreva as palavras formadas. Veja o exemplo: 3 × 2 = 6, portanto a sílaba **ca** equivale ao número 6.

3 × 2 = 6 ca	4 × 3 = ... jo	2 × 5 = ... ja	8 × 1 = ... gor	7 × 2 = ... ju
3 × 5 = ... nei	3 × 3 = ... je	6 × 3 = ... go	1 × 7 = ... ro	2 × 2 = ... ta

a) 10, 6 ⟶ ....

b) 8, 9, 4 ⟶ ....

c) 6, 14 ⟶ ....

d) 12, 18 ⟶ ....

e) 10, 15, 7 ⟶ ....

f) 6, 10 ⟶ ....

- Agora, escreva na legenda das fotos o nome de cada fruta. **Dica**: todos os nomes foram formados acima.

Fabio Colombini/Acervo do fotógrafo

Fernando Carreras/ Editora Abril

Antonio Rodrigues/ Editora Abril

....

4 Complete as frases com as palavras do quadro.

jabuti	jaboticabalense	jejum	julho	judoca

a) Quem nasce na cidade de Jaboticabal é ....

b) O .... é um animal terrestre, de carapaça alta e dedos curtos.

c) Precisei ficar oito horas em .... para fazer exame de sangue.

d) O praticante de judô é chamado de ....

e) No mês de .... estaremos em férias.

5 Leia as definições e uma característica da palavra. Depois, escreva o nome dela.

a) Fruta pequena e arredondada, com casca escura e polpa branca (é polissílaba).

....

Mauricio Simonetti/Pulsar Imagens

b) Maior planeta do Sistema Solar, é o quinto planeta em ordem de distância do Sol (é proparoxítona).

....

Albert Klein/Getty Images

c) Profissional que trabalha em jornal, rádio ou TV (é polissílaba).

....

DreamPictures/Getty Images

d) É uma ave de cores brilhantes, voo muito rápido, que se alimenta do líquido açucarado das flores e de insetos muito pequenos (tem encontro consonantal).

....

Dennis W. Donohue/Shutterstock

e) Cidade localizada no litoral, capital do estado de Sergipe (é oxítona).

....

G. Evangelista/Opção Brasil Imagens

Capítulo 10 Til e cedilha

Você sabe o que é um poema-problema? Leia este.

Tatuagem

Um pássaro tatuado no braço,
e na canela, um dragão.
Nas costas, Cássio tem um foguete de aço,
além de cinco letras chinesas que ele tatuou na mão.
Você já descobriu quantas tatuagens
o rapaz tem até então?

Poemas problemas, de Renata Bueno. São Paulo: Editora do Brasil, 2013.

Leia, agora, estas palavras em voz alta:

dragão mão então

O **til** [~] é um sinal usado sobre as vogais **a** e **o** para indicar som nasal.

Agora, pronuncie estas palavras em voz alta.

pessoas ser braço aço Cássio pássaro

A **cedilha** é um sinal usado na letra **c** antes das vogais **a**, **o**, **u** para indicar o som **sê**.

Atividades

1 Leia um trecho do poema e coloque o til onde for necessário para marcar o som nasal.

Tatu-balao

Tatu-bola suspirava,
Olhando a imensidao.
Corajoso, se jogava
Para ser tatu-balao!

[...]

Sentia, enquanto rolava,
Disparar seu coraçao.
O tombo só terminava
Cara a cara com o chao.

Depois de tanto tentar
Subir e voar em vao,
Tatu-bola encontrou
O menino Damiao.
[...]

Tatu-balão, de Sônia Barros. Belo Horizonte: Aletria, 2014.

2 Escreva o nome das imagens. **Dica**: todas as palavras têm til.

revers/Shutterstock

Rob Wilson/Shutterstock

Eric Isselee/Shutterstock

gosphotodesign/
Shutterstock

Bola_BR/Shutterstock

Sergio Schnitzler/
Shutterstock

3 Substitua os símbolos de acordo com a legenda e escreva as palavras formadas.

✿ ã   🎁 ão   ☼ ões

soluç 🎁 .... refeiç 🎁 ....

irm ✿ .... an ☼ ....

trov 🎁 .... anci 🎁 ....

educaç 🎁 .... hortel ✿ ....

maç ✿ .... mam ☼ ....

4 Troque o **c** pelo **ç** e descubra novas palavras.

> **Cedilha** é o sinal colocado embaixo da letra **c**. A cedilha muda o som e pode mudar também o significado da palavra.

louca → .... peco → ....

tranca → .... calca → ....

faca → .... marco → ....

5 Leia as palavras do quadro. Depois, pinte a vogal que vem depois de **c** e de **ç**.

dança	cinema	açude	lenço	cereja
precioso	vidraça	macieira	açúcar	espaço

- Agora, complete a frase.

  O **ç** é usado somente antes das vogais ...., ..., ...

6 Leia as palavras em voz alta e coloque a cedilha onde for necessário.

coracão	circo	poco	palhaco	cidade
acúcar	cenoura	balanco	bercinho	lembranca
aceitar	cacula	justica	cirurgia	preguica

7 Junte as sílabas de acordo com os números e forme palavras com **ç**.

1 pa	2 dan	3 ba	4 ço	5 gun	6 en	7 ri	8 al
9 gra	10 mo	11 ça	12 cal	13 ca	14 da	15 na	16 do

a) 1, 4, 13 → ....

b) 12, 11 → ....

c) 2, 11, 7, 15 → ....

d) 8, 10, 4 → ....

e) 3, 4 → ....

f) 6, 9, 11, 16 → ....

g) 3, 5, 11 → ....

h) 10, 11 → ....

i) 12, 11, 14 → ....

j) 9, 11 → ....

Ortografia

ç; ce, ci

1 Leia o texto.

Você já pensou sobre a convivência entre as pessoas? Já ouviu falar em gentileza, atenção e respeito? Você sabe por que os adultos vivem ensinando como as crianças devem se comportar? Como você se sente quando:

Repreendem você porque arrotou?

Pedem para você dar o lugar a outra pessoa?

Chamam sua atenção quando você diz alguma coisa inconveniente?

[...]

"Com licença?": aprendendo sobre convivência,
de Brian Moses e Mike Gordon. São Paulo: Scipione, 2006.

a) Circule de vermelho as palavras que têm **ç**.

b) Circule de azul as palavras que têm **c** com o mesmo som de **ç**.

c) Complete a frase abaixo.

O **ç** tem o mesmo som do **c** quando acompanhado de .... e ....

2 Coloque a cedilha onde for necessário. Depois, circule a palavra que não pertence a cada grupo.

ourico	abraco	cicatriz	cabeca
garca	bicicleta	enciclopédia	cenoura
acidente	facilidade	circo	emocão
esperanca	policial	estacão	acougue

De olho no dicionário

1 Procure no **Minidicionário** palavras da mesma família das palavras abaixo. **Dica**: todas as palavras têm **ç**. Veja o exemplo.

colecionamos → coleção

comecei → ....

espacial → ....

cabecear → ....

bagunceiro → ....

atencioso → ....

tradicional → ....

solucionar → ....

justo → ....

infectar → ....

De acordo com o **Minidicionário**, responda.

a) Que palavra da letra C significa "cada parte de um filme, de uma peça de teatro ou telenovela"?

....

b) Que palavra da letra P é oxítona e termina em **ão**?

....

c) Que palavra da letra T é trissílaba e termina em **ã**?

....

d) Que palavra da letra C é polissílaba e é da mesma família da palavra carne?

....

e) Encontre uma palavra que seja trissílaba e tenha encontro consonantal.

....

....

....

Capítulo 11

Sinais de pontuação I

Os sinais de pontuação são utilizados para organizar a escrita e indicar o modo como um texto deve ser lido.

Observe.

Marlos Bakker/Editora Abril

Disponível em: <portal.saude.gov.br/portal/arquivos/jpg/campanha_dengue_2004_novo_folheto_frente_web.jpg>. Acesso em: 18 maio 2010.

Para que as mensagens acima fossem entendidas, foram usados sinais de pontuação.

O ponto de exclamação dá ênfase à frase para que as pessoas tenham muita atenção.

O ponto-final encerra uma frase em que se transmitiu uma informação ou se deu uma instrução.

Leia parte de uma história em quadrinhos e observe os sinais de pontuação utilizados.

Turma da Mônica. Disponível em: <http://turmadamonica.uol.com.br/quadrinhos/?tg_personagem=cascao&tg_quadrinho=tirinhas>. Acesso em: 2 dez. 2015.

Usamos os **sinais de pontuação** para organizar a escrita.

Leia.

. O ponto-final é usado para indicar o final de uma frase, o encerramento de uma ideia.

? O ponto de interrogação é usado para indicar uma pergunta.

! O ponto de exclamação é usado para indicar surpresa, espanto, admiração, ordem.

Atividades

1 Leia o bilhete que Vítor recebeu de sua amiga.

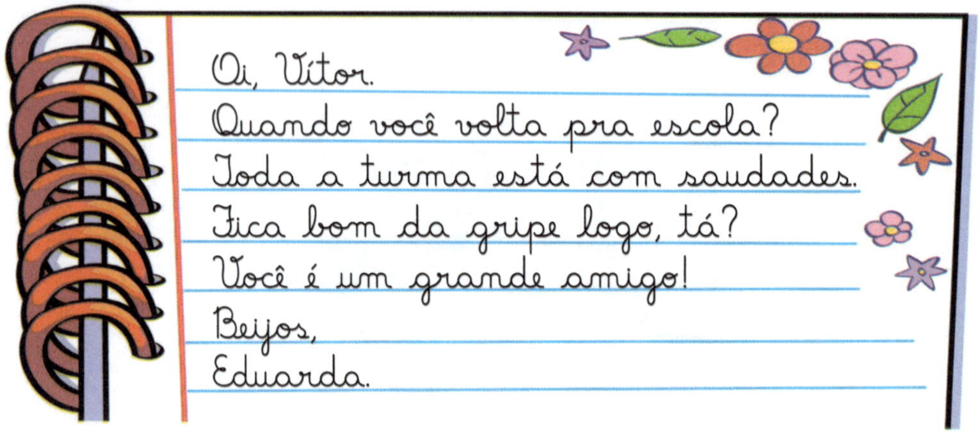

Oi, Vítor.
Quando você volta pra escola?
Toda a turma está com saudades.
Fica bom da gripe logo, tá?
Você é um grande amigo!
Beijos,
Eduarda.

a) Por que Eduarda usou o ponto de interrogação na segunda frase?

....

b) Qual foi a intenção da menina ao terminar a terceira frase com ponto-final?

....

c) Copie a frase em que Eduarda usou o ponto de exclamação.

....

- Que sentimento ela está enfatizando com esse sinal de pontuação?

....

2 Leia este pequeno diálogo.

a) Copie a frase que faz uma pergunta, circule o sinal de pontuação e escreva o nome desse sinal.

....

b) Copie uma frase que indica indignação, circule o sinal de pontuação e escreva o nome desse sinal.

....

....

3 Esta história em quadrinhos tem apenas duas falas e alguns sinais de pontuação. Observe as cenas e esses sinais, imagine o que eles expressam e o que os personagens poderiam dizer.

1º

4º

5º

Revista **Turma da Mônica: uma aventura no parque da Mônica**, de Mauricio de Sousa. São Paulo: Panini Comics, n. 32, ago. 2009.

- Agora, escreva uma fala para substituir cada sinal de pontuação dos balões.

  1º quadrinho: ....

  4º quadrinho: ....

  5º quadrinho: ....

Ortografia

ca, co, cu; ga, go, gu

1 Leia o texto em voz alta.

Eu quero frango no rango

Se no almoço não tem frango,
eu fico bravo, eu me zango,
me dá um tangolomango,
eu sapateio um fandango,
eu viro um bicho calango,
eu viro um orangotango!
Meu rango tem que ter frango,
e sorvete de morango!

Rola rima, de Ciça. Rio de Janeiro: Nova Fronteira, 2004.

- Copie do texto acima as palavras que têm **ca**, **co**, **cu** e **ga**, **go**, **gu**.

ca, co, cu: ....

ga, go, gu: ....

....

....

2 Troque a letra **c** pela letra **g** e forme novas palavras.

calo → ....

como → ....

vaca → ....

cata → ....

corda → ....

fico → ....

3 Escreva o nome dos animais. **Dica**: todas as palavras têm a letra **c** ou **g**.

s_oleg/Shutterstock

Mitsuaki Iwago/Getty Images

Tatiana Katsai/Shutterstock

Tier Und Naturfotografie J und C Sohns/Getty Images

Johan Swanepoel/Shutterstock

Stefan Christmann/BIA/Getty Images

4 Complete as frases com as palavras do quadro.

caneca	fogão	gaiola	bigode	furacão

a) O .... anunciado pela propaganda tem cinco bocas.

b) Gosto de tomar leite com chocolate na ....

c) Quem gosta de pássaros não os mantêm presos na ....

d) O .... causou a destruição de grande parte da cidade.

e) Vovô tem o hábito de usar .... desde que era jovem.

Capítulo 12 Tipos de frases: declarativa, interrogativa e exclamativa

Leia esta tirinha e diga se você entendeu a mensagem.

Armandinho. **Folha de S.Paulo**, São Paulo, 19 dez. 2015. Folhinha.

Na conversa entre o Armandinho e o pai dele, as palavras estão organizadas.

> **Frase** é uma palavra ou um conjunto organizado de palavras que apresentam uma ideia com sentido completo.

Leia este bilhete.

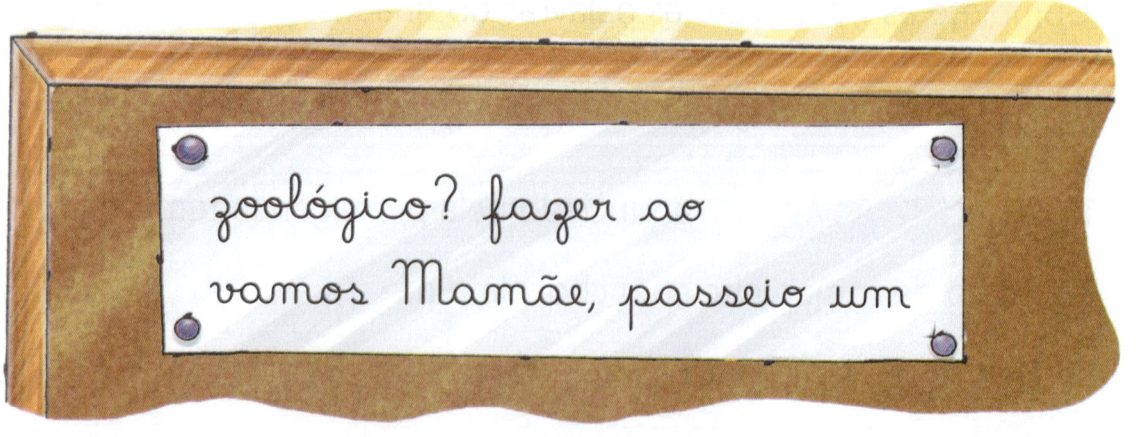

Você conseguiu entender a mensagem? Provavelmente não, pois as palavras não estão organizadas, ou seja, elas não formam uma frase.

Leia novamente o bilhete, agora com as palavras organizadas.

Uma frase pode ser:

- **declarativa afirmativa**: "Pensou que o marido estivesse roncando."
- **declarativa negativa**: "O ruído não parava."

> A frase declarativa informa algo, afirmando ou negando. Termina com ponto-final **.**.

- **interrogativa**: "— O que é isso?"

> A frase interrogativa expressa uma dúvida em forma de pergunta. Termina com ponto de interrogação **?**.

- **exclamativa**: "— Escute!"

> A frase exclamativa pode indicar ordem, espanto, admiração. Termina com ponto de exclamação **!**.

Fique por dentro!

Toda frase começa com letra maiúscula.

Atividades

1 Pinte o quadrinho ao lado de cada frase de acordo com o código.

- (rosa) frase declarativa afirmativa
- (verde) frase interrogativa
- (amarelo) frase declarativa negativa
- (azul) frase exclamativa

a) ☐ Eu não vou ao clube hoje.

b) ☐ As crianças chegaram cedo à festa.

c) ☐ Você quer ir ao teatro?

d) ☐ Que linda praia!

e) ☐ Esperei, mas você não apareceu.

2 Transforme as frases declarativas em interrogativas. Siga o exemplo.

a) O sapato de Bia é novo.

O sapato de Bia é novo?

b) Você já conhece a minha casa.

....

c) Marcos está doente.

....

d) A chuva está forte.

....

e) Mamãe ainda não chegou.

....

3 Observe as imagens e escreva frases do tipo solicitado.

a

Willie B. Thomas/Getty Images

frase declarativa afirmativa

c

2009fotofriends/Shutterstock

frase declarativa negativa

b

Thiago Lara/Agência O Dia/Agência Estado

frase exclamativa

d

Blend Images/Easypix Brasil

frase interrogativa

4 Organize as palavras formando frases. Depois, leia-as em voz alta e classifique-as quanto ao tipo.

a) Você cedo! chegou

b) chegou Você cedo.

c) não cedo. chegou Você

d) cedo? Você chegou

No dia a dia

- Junte-se com um colega e observem as imagens a seguir.

© Mauricio de Sousa/Mauricio de Sousa Produções Ltda.

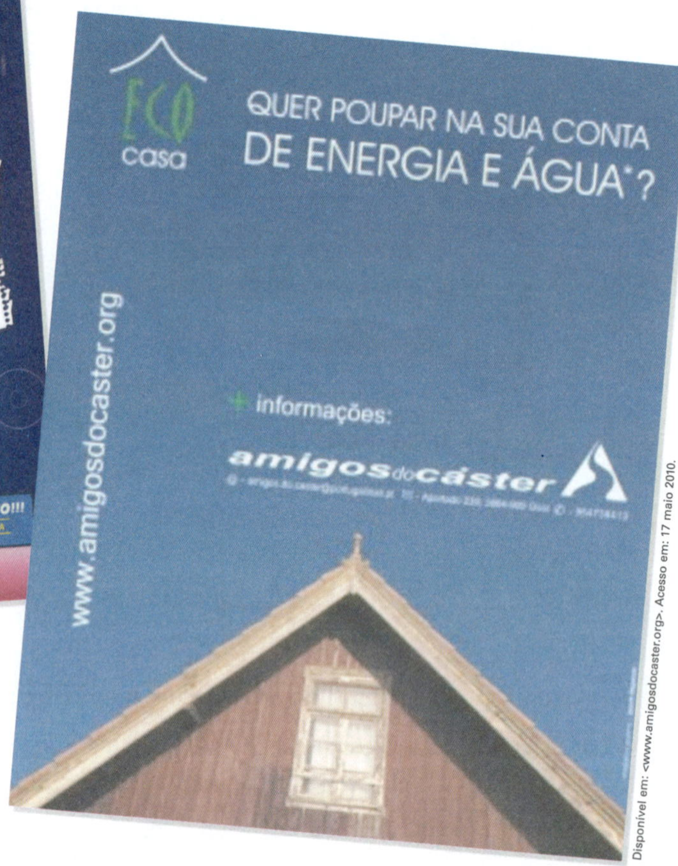

Disponível em: <www.amigosdocaster.org>. Acesso em: 17 maio 2010.

Como vocês devem ter notado, nos anúncios foram utilizadas uma frase exclamativa e uma frase interrogativa.

a) Reflitam: Por que esses tipos de frases foram usados nessas propagandas?

b) Pesquisem em jornais, revistas, folhetos e panfletos diferentes tipos de propaganda em que foram usadas frases exclamativas, interrogativas e declarativas afirmativas e negativas. Reflitam sobre o seu uso, recortem os anúncios e colem-nos em um cartaz.

Ortografia

r em final de sílaba; r entre vogais (som brando)

1 Leia o poema.

Lagartixa-da-areia

Bom mesmo
É **viver** olhando o **mar**,
O vaivém do Sol,
Das ondas, do **luar**.

Se eu fosse uma **sereia**,
Enfeitiçaria todo mundo.

Se eu fosse uma baleia,
Mergulharia lá no fundo.
Mas sou feliz assim.

Digo de boca cheia:
Bom **para** mim
É **morar** na praia
E **brincar** na **areia**.

Karina Marques

Bem brasileirinhos, de Lalau e Laurabeatriz.
São Paulo: Cosac Naify, 2013.

- Circule as palavras destacadas no poema de acordo com as cores.

  Palavras com **r** em final de sílaba:

  Palavras com **r** entre vogais:

2 Agora, leia em voz alta estas palavras:

corro	coro

- Complete cada frase com uma das palavras entre parênteses.

  Palavras com **rr** têm som .... (fraco/forte)

  Palavras com **r** entre vogais têm som .... (fraco/forte)

3 Escreva **r** ou **rr** nos espaços para completar as palavras das frases.

> **!** A letra **r** entre vogais representa um som fraco.

a) O pedrei......o abriu um bu......aco no mu......o.

b) Ca......ina caiu da cadei......a e fe......iu sua pe......na di......eita.

c) A......umei todas as compras da fei......a na geladei......a.

d) Jo......ge montou a ba......aca debaixo do abacatei......o.

e) O vencedo...... da co......ida recebeu o prêmio em dinhei......o.

4 Acrescente outro **r** entre as vogais e forme novas palavras. Depois, separe as sílabas das duplas de palavras. Veja o exemplo.

carinho	ca-ri-nho
carrinho	car-ri-nho

arisco	......
......	......

careta	......
......	......

muro	......
......	......

5 Organize as letras do quadro e descubra as palavras que completam as frases.

o	p	r	t	a

a) Quem deixou a .... aberta?

b) A turma falou que não vai .... o jogo com o adversário.

c) O bebê nasceu de .... natural.

6 Acrescente uma vogal depois da letra **r** e forme pares de palavras. Depois, separe as sílabas das palavras. Veja o exemplo.

carta	careta
car-ta	ca-re-ta

corda	

parda	

morda	

7 Complete as frases com as palavras adequadas.

ama arma

a) Quem .... a natureza não usa ...., não caça animais.

pede perde

b) Carla .... o lápis e é Marta quem .... um emprestado.

pena perna

c) Que ....! Sérgio não vai jogar, pois está com a .... machucada.

8 Escreva o nome das figuras com uma sílaba em cada quadrinho.

brackish_nz/Shutterstock

Vincent Roy/Shutterstock

EPG_EuroPhotoGraphics/Shutterstock

showcake/Shutterstock

Capítulo 13

Sinais de pontuação II

Leia dois parágrafos do livro **O menino que quebrou o tempo**.

À medida que as pessoas notavam os relógios parados na mesma hora, as coisas iam se complicando.

Nos bancos, nas lojas, nas fábricas, nas repartições públicas, o expediente de trabalho se encerrava às cinco e meia. Por isso, todos continuavam a trabalhar normalmente, apesar de o dia estar escurecendo lá fora. Se os relógios marcavam dez para as cinco é porque eram dez para as cinco!

[...]

O menino que quebrou o tempo, de José Maviael Monteiro. São Paulo: Scipione, 2008.

Cada divisão do texto, marcada por uma mudança de linha e por um espaço deixado no início da nova linha, é chamada de **parágrafo**.

Leia agora mais um trecho dessa história, também dividido em parágrafos.

[...]

— Senhor Vice-prefeito, o tempo deve estar quebrado! Estamos precisando de alguém que o conserte. É urgente!

Apesar do absurdo do pedido, o Vice-prefeito não discutiu. A secretária ainda tentou detê-lo:

— Senhor Vice-prefeito, os relógios podem estar errados...

— Todos? — perguntou ele. — Todos errados? Só se estiverem em greve — disse sorrindo.

[...]

O menino que quebrou o tempo, de José Maviael Monteiro. São Paulo: Scipione, 2008.

Esse trecho mostra a conversa entre três pessoas.

Para marcar o início da fala de cada pessoa foi utilizado o sinal —, chamado de **travessão**. Veja:

"— Senhor Vice-prefeito, os relógios podem estar errados..."

Travessão é o sinal que indica a introdução da fala de alguém.

Para indicar que a pessoa vai falar, foi utilizado o sinal :, chamado de **dois-pontos**. Veja:

"A secretária ainda tentou detê-lo :"

Os **dois-pontos** são usados, entre outros casos, para indicar que alguém vai falar.

Leia, agora, a estrofe de um poema.

Quem é importante

[...]
E vêm as Vírgulas dengosas,
Muito falantes, muito prosas,
E anunciam: — Nós meninas
Somos as pausas pequeninas,
Que, pelas frases espalhadas,
São sempre tão solicitadas!
[...]

Samuil Marchak. In: **Di-versos russos**. Tradução de Tatiana Belinky. São Paulo: Scipione, 1994.

Nesse poema, quase todos os versos terminam com o sinal ,, chamado de **vírgula**. Ela marca uma pausa na leitura.

A vírgula pode ainda ser usada para uma enumeração.

"Nos bancos, nas lojas, nas fábricas, nas repartições públicas, o expediente de trabalho se encerrava às cinco e meia."

A **vírgula** é um sinal de pontuação usado para indicar uma pequena pausa na leitura ou enumerar os elementos de um texto.

Atividades

1 Empregue os sinais de pontuação, escrevendo-os nos círculos.
Dica: você vai usar ponto-final [.], vírgula [,], dois-pontos [:], travessão [—] e ponto de interrogação [?].

Ontem encontrei um amigo que não via há muito tempo ◯ Fui logo perguntando ◯

◯ Como vai ◯ Pedro ◯

◯ Tudo bem ◯ E você ◯

◯ Eu estou ótimo ◯ Onde você está estudando ◯

◯ Minha escola fica perto da minha nova casa ◯ respondeu ele ◯

2 Coloque a vírgula onde for necessário.

a) Porto Alegre 27 de fevereiro de 2015.

b) Belo Horizonte 4 de março de 2016.

c) Goiânia 22 de maio de 2014.

Fique por dentro!
Na indicação de local e data, a vírgula é usada para separar o nome da cidade.

3 Empregue a vírgula onde for preciso.

Fique por dentro!
Nos endereços, a vírgula é usada para separar o número da casa do nome da rua.

a) Meu novo endereço é rua das Pitangueiras 307.

b) Uma loja de brinquedos foi inaugurada na praça Tiradentes 45.

c) Meus vizinhos se mudaram para a avenida dos Andradas 151.

4 As vírgulas foram retiradas do texto original. Recoloque-as.

Ela viu o pai de longe levantou-se da cadeira correu na direção dele e o abraçou.

PeopleImages.com/ Getty Images

Fique por dentro!

A vírgula também é usada nas enumerações.

5 Pinte os sinais de pontuação no texto de acordo com o código.

- ponto-final
- vírgula
- dois-pontos
- travessão
- ponto de exclamação
- ponto de interrogação

Carolina estava com um problema difícil em sua cabecinha de criança. É que seu avô, muito brincalhão, lhe havia perguntado:

— Carolina, a água do mar é viva?

— Bem, vovô... Eu acho que não... Ela é como todas as águas, só que é muito salgada!

— Então, como é que ela se mexe tanto, subindo e descendo na praia, formando ondas que batem com força nas pedras?

Carolina ficou confusa. E, para resolver a questão, decidiu colher um pouco da água bem agitada do meio de uma onda bem forte.

[...]

Aventuras de uma gota d'água, de Samuel Murgel Branco. São Paulo: Moderna, 2002.

- Agora, você e seus colegas vão dizer por que foram usados os sinais de pontuação que vocês pintaram.

Ortografia

que, qui; qua, quo

1 Leia o texto e circule as palavras que apresentam **qu**.

[...]

Nos bons tempos, quando éramos só eu e ele, nós podíamos fazer o que desse vontade. Se a gente quisesse brincar de fazer bolhas no leite com chocolate na hora do almoço na escola, sem problemas.

[...]

Diário de um banana: maré de azar, de Jeff Kinney. Tradução de Alexandre Boide. São Paulo: V&R, 2014.

a) Leia em voz alta as palavras que você circulou e copie-as.

....

Fique por dentro!

Dígrafo é um grupo de duas letras que, juntas, representam um único som.

b) Em quais dessas palavras o **qu** representa apenas um som?

....

c) Complete a frase.

Nas palavras .... e .... temos o dígrafo ....

2 Ordene as sílabas para formar palavras.

ni	que	pi	que	....

te	quen	....

to	ri	qui	pe	....

do	ri	que	....

li	dor	qui	fi	di	ca	....

do	qui	lí	....

3 Leia as palavras do quadro em voz alta.

quadro	aquoso
quando	quadrado
quati	quórum

- Nessas palavras a letra **u** é pronunciada. Com base nisso, responda: as letras **qu** nessas palavras formam dígrafo?

Alexandre Cappi/Pulsar Imagens

....

4 Escreva **qua** ou **quo** nos espaços para completar as palavras.

a) Minha irmã já tem ....se ....torze anos.

b) O a..........rio colocado na parede parecia um ....dro.

c) Gostei da apresentação que o ventrílo.......... fez com seu boneco.

d) Desenhamos um ....drado na folha ....driculada.

5 Complete as palavras com **qua** ou **cuá/cuá**.

......ndo	pe......ria
......ntidade	re......ram
......lquer	a......do
......drado	eva......do
......tro	agrope......ria

Fique por dentro!

A pronúncia de **qua** e **cua** é parecida.
Geralmente, **cua** não aparece no início das palavras.

a) Agora, separe as sílabas das palavras da segunda coluna e circule as sílabas tônicas.

....

....

Fique por dentro!

A sílaba tônica é a sílaba pronunciada com mais força na palavra.

b) O que você pôde observar sobre essas palavras? Escreva.

....

6 Faça como no exemplo.

banco → banquinho	coco → ......
barco →	faca → ......
boneca →	saco → ......
macaco →	pouco → ......
boca →	caco → ......

7 Escreva **qua**, **que** ou **qui** para completar as palavras da cruzadinha.

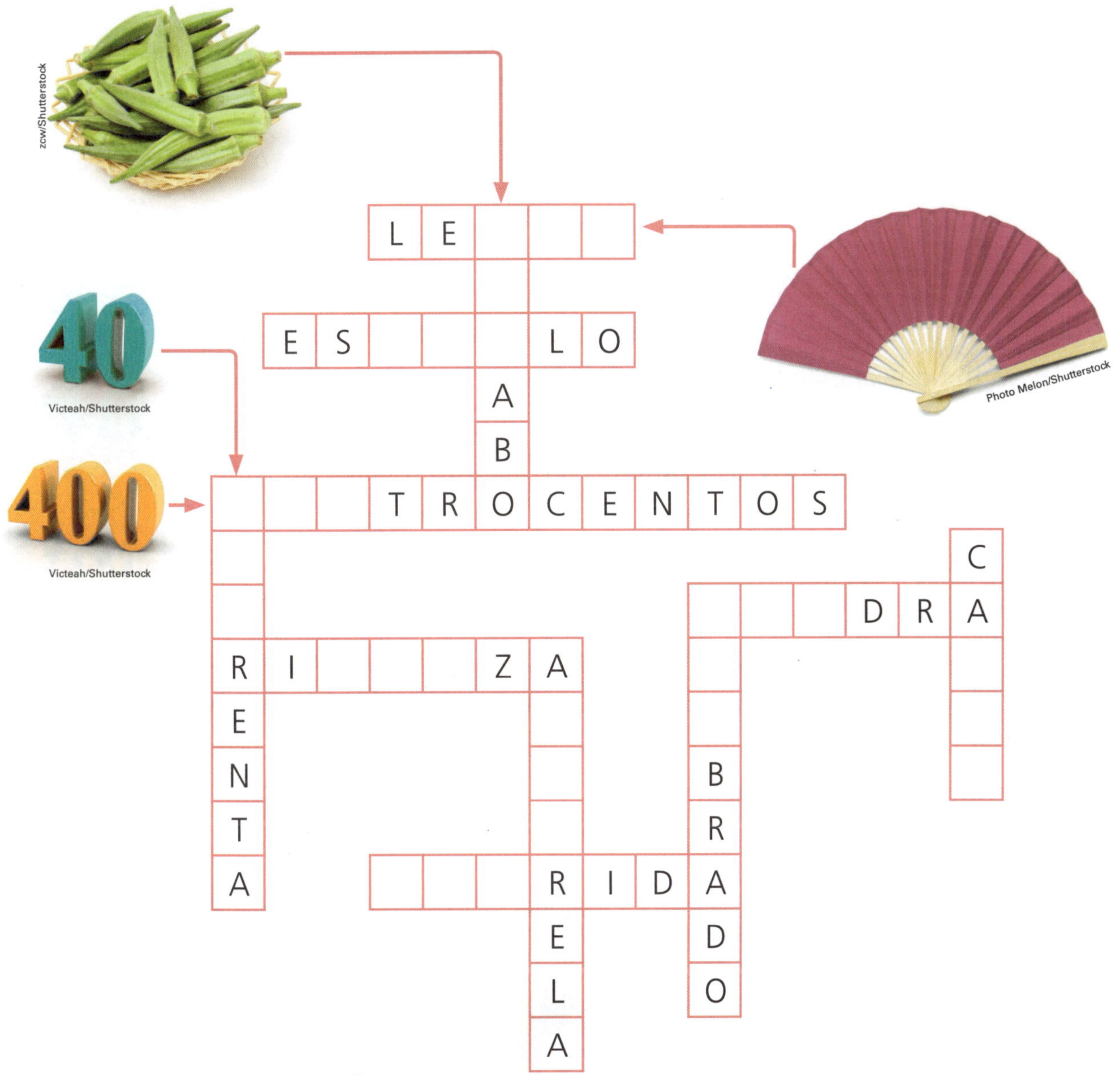

- Agora, distribua as palavras nas colunas correspondentes.

qua	que	qui

Capítulo 14

Substantivo comum e substantivo próprio

Leia o trecho de um conto de fadas.

A princesa e a costureira

Era uma vez uma princesa chamada Cíntia. Ela era a filha mais velha do rei e da rainha do reino EntreRios. Este reino tinha os limites demarcados pelas águas de dois rios que desciam das montanhas, garantindo fartura nas colheitas e trazendo música no som das cachoeiras.

Cíntia tinha uma irmã um ano mais nova, Selene. Eram muito amigas e viviam no castelo com seus pais.

O povo queria bem à família real, que era justa. Os impostos que cobrava, além de sustentarem as pessoas do castelo, financiavam benfeitorias ao reino e acudiam o povo nas emergências, como as grandes secas ou alagamentos.

[...]

A princesa e a costureira, de Janaina Leslão. Rio de Janeiro: Metanoia, 2015.

O nome da princesa mais velha é Cíntia e o nome da mais nova é Selene. EntreRios é o nome do reino onde elas vivem.

Cíntia e Selene moram no castelo com o rei e a rainha.

Todos os nomes destacados são **substantivos**.

Os nomes destacados em vermelho são substantivos comuns, e os destacados em verde são substantivos próprios.

Substantivo é uma palavra que dá nome a objetos, animais, pessoas, lugares, sentimentos, etc.

Veja a diferença entre o substantivo comum e o substantivo próprio.

A professora não especificou o aluno, então qualquer um poderia atender ao seu pedido. A palavra **aluno** é um **substantivo comum**.

Somente o aluno João atendeu ao pedido da professora. A palavra João é um **substantivo próprio**.

Substantivo comum é aquele que dá nome a seres, coisas, objetos ou sentimentos em geral.

Substantivo próprio é aquele que dá nome a algo ou alguém em particular, em especial.

Fique por dentro!

O substantivo comum é iniciado com letra minúscula.

O substantivo próprio é iniciado com letra maiúscula.

Atividades

1 Qual é o nome do sentimento que as pessoas experimentam nas cenas abaixo? Consulte o quadro e escreva.

alívio	alegria	dor	tristeza	raiva	amor

....

....

....

....

....

....

- Marque um **X** na resposta certa.

  Os nomes que você escreveu acima são substantivos:

  ( ) próprios. ( ) comuns.

2 Veja estas fotos.

Neymar

Joel Auerbach/Getty Images

Angélica

Ronaldo Brandão/Brazil Photo Press/Agência Estado

Fique por dentro!

Nomes de pessoas e apelidos são iniciados com letra maiúscula.

- Marque um **X** na resposta certa.

Os nomes das pessoas são substantivos:

( ) próprios. ( ) comuns.

3 Leia o trecho da letra desta canção.

Papagaio Reginaldo

Havia um papagaio que chamava Reginaldo
Com uma vida natural
No meio do Pantanal.
Amigo da graúna, tartaruga e do tatu,
Vaga-lume, da cotia, jacaré e jaburu.
Tinha flores, tinha frutos, tudo era uma beleza.
Todo mundo em equilíbrio com a mamãe natureza.
E na árvore na montanha, tinha um galho e no galho
Reginaldo fez seu ninho.
Oh, que ninho! Lindo ninho!
Ai, ai, ai que amor de ninho!
O ninho no galho, o galho na árvore.
[...]

Um minutiiiinho!, de Palavra Cantada. MCD Productions, 2012.

a) Quais são os substantivos próprios desse trecho da letra da canção?

....

b) Escreva seis substantivos comuns que você encontrou na letra da canção.

....

....

No dia a dia

É importante que toda foto tenha uma legenda com a sua descrição ou explicação sobre a pessoa, o lugar ou a situação retratados.

- Observe as fotos abaixo, leia as legendas e complete as informações com um substantivo próprio ou comum referente às palavras destacadas.

Silvio Cioffi/Folha Imagem/Folhapress

A **cidade** do .... recebe milhares de turistas todos os anos.

Reprodução/Editora Scipione

O **conto** ....

....

foi escrito por Charles Perrault e é conhecido em todo o mundo.

Reuters/Latinstock

Harry Potter é o nome do personagem de uma série de

.... e ....

admirada por crianças e adultos de vários países.

Ortografia

m e n em final de sílaba; m antes de p e b

1 Leia o trecho de um poema.

Lunar

As casas **cerraram** seus milhares de pálpebras.
As ruas pouco a pouco **deixam** de **andar**.
Só a lua multiplicou-se em todos os poços e poças
Tudo está sob a **encantação** lunar...
[...]

Apontamentos de história sobrenatural, de Mário Quintana.
Rio de Janeiro: Objetiva, 2012.

a) Separe as sílabas das palavras destacadas no poema.

cerraram → | | |

deixam → | |

andar → | |

encantação → | | | |

b) Agora, complete a frase.

Todas as palavras do item **a** têm alguma sílaba terminada em .... ou ....

Unidade 2

2 Encontre no quadro as sílabas necessárias para formar as palavras. **Dica**: as sílabas iniciais já estão escritas a seguir. Você poderá usar as sílabas mais de uma vez.

da	ra	tra	te
pa	bu	ção	fe
zol	po	co	la

em.................................... en....................................

bam.................................. an....................................

com.................................. con..................................

ban................................... am...................................

- Agora, responda.

a) Quais consoantes aparecem depois de **m**?

....

b) Quais consoantes aparecem depois de **n**?

....

Fique por dentro!

Usamos **m** antes de **p** e **b** e no final das palavras.

Usamos **n** antes de todas as outras consoantes e no final de algumas palavras.

3 Pesquise em jornais e revistas outras palavras escritas com:

a) **m** antes de **p** e **b**: ....

....

b) **n** em final de sílaba: ....

....

4 Escreva o nome das figuras.

Somchai Som/Shutterstock

Irina Rogova/Shutterstock

Anan Kaewkhammul/ Shutterstock

Tommy Alven/Shutterstock

Arquivo da editora/Fonte: IBGE

Aksenova Natalya/Shutterstock

GooDween123/Shutterstock

Dave King/Getty Images

Daniela Pelazza/Shutterstock

- Agora, distribua nas colunas adequadas os nomes que você escreveu.

m antes de **p** e **b**, **m** em final de palavra	**n** antes de outras consoantes

Capítulo 15

Substantivo coletivo

Você conhece esta cantiga?

Nesta rua, nesta rua tem um bosque
que se chama, que se chama solidão.
Dentro dele, dentro dele mora um anjo
que roubou, que roubou meu coração.

Cantiga popular.

Observe estas figuras.

Raimund Linke/Radius Images/Latinstock

Nesta rua há uma árvore.

Zhukova Valentyna/Shutterstock

Nesta rua há um **bosque**.

O substantivo **bosque** dá nome a um conjunto de árvores. Ele é classificado como **substantivo coletivo**.

Fique por dentro!

A palavra **bosque** está no singular, mas indica muitas árvores.

O substantivo **coletivo** é uma palavra que, mesmo estando no singular, indica um conjunto de seres da mesma espécie: pessoas, animais, plantas ou coisas. A palavra **bosque**, por exemplo, está no singular, mas indica muitas árvores.

Leia alguns exemplos de substantivos coletivos neste quadro.

Substantivos coletivos	
álbum: de fotografias, de selos, de figurinhas **alcateia**: de lobos  Greg Toope/Shutterstock **alfabeto**: de letras **arquipélago**: de ilhas **atlas**: de mapas **banda**: de músicos **bando**: de aves **batalhão**: de soldados **biblioteca**: de livros **boiada**: de bois **cacho**: de bananas; de uvas; de cabelos **caravana**: de viajantes; de peregrinos **cardume**: de peixes **classe**: de alunos **constelação**: de estrelas **enxame**: de abelhas **enxoval**: de roupas **esquadra**: de navios **esquadrilha**: de aviões **fauna**: de animais de uma certa região **flora**: de plantas de uma certa região	**fornada**: de pães **frota**: de navios; de veículos da mesma empresa **manada**: de bois; de burros; de búfalos **matilha**: de cães **molho**: de chaves **multidão**: de pessoas **ninhada**: de aves em um ninho; de filhotes de animais **nuvem**: de mosquitos; de gafanhotos **penca**: de bananas **pomar**: de árvores frutíferas **quadrilha**: de ladrões **ramalhete**: de flores  Neirfy/Shutterstock **rebanho**: de gado (ovelhas, bois, cabras) **réstia**: de alhos; de cebolas **revoada**: de pássaros **tropa**: de animais de carga; de soldados **turma**: de estudantes; de trabalhadores **vara**: de porcos

Atividades

1 Leia as frases e ligue-as às cenas correspondentes. Depois, circule os substantivos coletivos das frases.

Fizemos um álbum com as fotografias da família.

A classe estava completa para fazer a prova.

A banda foi muito aplaudida no final da apresentação.

Uma verdadeira multidão aguardava a chegada do campeão olímpico.

Jim West/Age Fotostock/Easypix Brasil

Rob Hoffman/JBE/Getty Images

Alexander Hassenstein/Getty Images for IAAF

Hill Street Studios/Getty Images

- Agora, numere a segunda coluna de acordo com a primeira.

(1) álbum	( ) pessoas
(2) classe	( ) fotografias
(3) banda	( ) músicos
(4) multidão	( ) alunos

2 Leia as frases e complete-as com o substantivo coletivo representado pelas figuras.

Valerio Pardi/Shutterstock

Riou/Getty Images

WIN-Initiative/Getty Images

paul cowell/Shutterstock

a) Com as letras do .... posso escrever o que eu quiser.

b) O .... de gaivotas voou na direção das montanhas.

c) Com o céu limpo podemos ver a .... brilhar.

d) O pescador avistou no mar um grande .... de sardinhas.

3 Complete as frases substituindo as palavras destacadas por seu coletivo.

a) Na chácara do meu avô há **muitas árvores frutíferas**.

Na chácara do meu avô há um ....

b) Aquela transportadora tem **vários caminhões**.

Aquela transportadora tem uma .... de caminhões.

c) O zelador da escola carregava **um montinho de chaves** no bolso.

O zelador da escola carregava um .... de chaves no bolso.

4 Observe as figuras e leia seus nomes. Depois, complete as frases com o nome dos seres indicados pelos substantivos coletivos.

a

Kathy Burns-Millyard/Shutterstock

Os .... fizeram exercícios ao amanhecer.

b

aboikis/Shutterstock

As .... voam na direção da colmeia.

c

cynoclub/Shutterstock

Os .... adoram passear.

d

Dundanim/Shutterstock

O pastor leva as .... para pastar no campo.

e

Photo by MHIN/Shutterstock

As .... ainda estão verdes.

f

Michal Staniewski/Shutterstock

Fernando de Noronha é formada por .... paradisíacas.

5 Pinte a cena de acordo com o código.

A = azul B = amarelo C = verde D = preto

Ortografia

sons do x

1 Complete o texto com as palavras do quadro.

experimentar	exagero	bruxaria
auxiliar	bruxinha	reflexo

Caxuxa é o nome de uma graciosa ....

Certo dia, ela quis .... uma nova poção mágica para diminuir o nariz de Fix, um elefantinho. Toda vez que ele via seu .... nas águas do lago, reclamava:

— Que .... de nariz!

Na tentativa de .... o elefantinho, Caxuxa fez a .... mas um grande desastre aconteceu...

Texto dos autores.

- Leia em voz alta as palavras que você usou para completar o texto e marque um **X** na resposta certa.

  ◯ Nessas palavras, o **x** representa um único som.

  ◯ Nessas palavras, o **x** representa diferentes sons.

2 Complete as palavras com **x** ou **ch**. Se tiver dúvida, consulte o dicionário.

a) Já tenho um ....ale para o meu en........oval!

b) Preguei os gan........os na parede.

c) Recolhi diversas con........as na praia em meio ao li........o jogado.

d) Pare de en........otar os pássaros!

e) A flor mur........ou por falta de água!

3 Junte-se com um colega e leiam as palavras abaixo em voz alta.

- Agora, escreva-as nas colunas de acordo com o som do **x**.

x com som de **ch**	**x** com som de **s**	**x** com som de **z**	**x** com som de **cs**
....	....	....	....
....	....	....	....
....	....	....	....
....	....	....	....

4 Reescreva as palavras de acordo com o código.

🙂 x	🏠 ch

en🏠ente	en🙂erto ....
en🙂erido	acon🏠ego ....
in🏠aço	en🙂ergar ....
encai🙂ar	en🏠arcar ....
en🏠imento	en🙂otar ....

5 Leia estas palavras.

India Picture/Shutterstock

Vanderlei Lima/Agência France-Presse

a) No quadro abaixo há três palavras que têm letras representando o mesmo som do **x** das palavras acima. Circule-as.

admiração	confecção	afeição
infeccionar	admissão	convicção

b) Agora, complete as frases com as palavras que você circulou.

A .... tem muitas encomendas de novas roupas.

Falou com .... que queria ser escritor.

Para a ferida não ...., o paciente tomou todos os cuidados recomendados pelo médico.

6 Leia em voz alta as palavras do quadro da esquerda. Depois, leia as do quadro da direita.

máximo	exibido
massa	cozinha
cinema	casa
externo	azeite
escola	vaso
pesca	exílio

- Agora, escreva:

a) as palavras em que o som **sê** é representado por:

c	....
x	....
s	....
ss	....

b) as palavras em que o som **zê** é representado por:

s	....
z	....
x	....

7 Ouça com atenção as palavras que o professor vai ditar e escreva-as.

....

....

....

Ideias em ação

Observe o cartaz que a turma do 3º ano construiu.

1 Escreva o nome dos objetos que vão ser trocados.

a) Meio de transporte, com a sílaba **ci**, por instrumento musical com til.

....

b) Meio de comunicação, com acento agudo, pelo eletrodoméstico com sílaba **qui**.

....

c) Calçado, com acento circunflexo, por objeto que tem **or** no nome.

....

d) Recipiente com asa, com duas sílabas **ca** no nome, pelo objeto que tem **ar** no nome.

....

2 Escreva uma frase e enumere pelo menos cinco objetos que você escolheria do painel. Não se esqueça de usar a vírgula.

....

....

....

....

....

3 Escreva uma frase dizendo quem, na sua opinião, fez a melhor troca. Use um dos sinais de pontuação: ponto-final, ponto de interrogação ou ponto de exclamação.

....

....

....

....

Unidade 3

O que vou estudar?

- Sinônimo e antônimo
- Artigo
- Substantivo: singular e plural
- Substantivo: masculino e feminino
- Substantivo: diminutivo e aumentativo
- Plural das palavras terminadas em r, s e z

Capítulo 16 Sinônimo e antônimo

Leia o trecho do texto e observe as palavras destacadas.

O frio pode ser quente

[...]

Por que será que numa noite a lua é tão pequenininha e **fininha** e outra noite ela fica tão redonda e **gordinha** para depois ficar de novo daquele jeito **estreitinha**?

Depende do quê?

Depende do dia que a gente vê.

[...]

O frio pode ser quente, de Jandira Masur. São Paulo: Ática, 2009.

As palavras **fininha** e **estreitinha** têm sentidos semelhantes.

Já as palavras **fininha** e **gordinha** têm sentidos opostos.

As palavras que têm significados semelhantes são chamadas de **sinônimas**.
As palavras que têm significados opostos são chamadas de **antônimas**.

- Leia o texto novamente e responda.

a) Qual par de antônimos aparece no título do texto?

....

b) Qual poderia ser o antônimo de **estreitinha**?

....

c) No texto, qual é o sinônimo de **gordinha**?

....

Atividades

1 Copie o texto abaixo substituindo cada palavra destacada por um sinônimo do quadro.

juntos	arrumado	ótimo
saudando	alegre	parentes

Vovô chegou **elegante** e **feliz**, **cumprimentando** a **família**:

— Que **bom** encontrar todos **reunidos** em harmonia!

....

....

2 Escreva **sinônimo** ou **antônimo**. Veja o exemplo.

Lento é antônimo de **veloz**.

a) **Pouco** é .... de **muito**.

b) **Muito** é .... de **bastante**.

c) **Preferido** é .... de **favorito**.

d) **Generoso** é .... de **bondoso**.

e) **Bondoso** é .... de **maldoso**.

f) **Parecido** é .... de **semelhante**.

3 Acrescente **in-** ou **des-** no início das palavras e forme antônimos.

correto ....

obedecer ....

fazer ....

comum ....

completo ....

contente ....

útil ....

arrumar ....

4 Circule no texto as palavras repetidas. Depois, reescreva-o usando sinônimos para essas palavras.

Fique por dentro!

Ao escrever um texto, usamos sinônimos para evitar repetições de palavras.

O dicionário traz o significado das palavras e algumas vezes seus sinônimos.

A palhacinha Popi é muito engraçada. Engraçada é a roupa que ela usa: muito larga e muito colorida. Ontem, durante o espetáculo, a palhacinha sumiu do palco. Ela sumiu no ar e as crianças a acharam. Elas a acharam atrás da cortina.

....

....

....

....

....

....

5 Troque as palavras destacadas por antônimos.

a) Subo e **subo** o dia inteiro. Minha mãe diz: "Está com bicho-carpinteiro?"

....

b) Cadê o meu boné **novo**? Alguém viu por aí o boné que eu perdi?

....

c) Como não senti assim que mordi o sanduíche **frio**?

....

johnfoto18/Shutterstock

6 Em cada linha de palavras existe uma que tem significado diferente das demais. Circule-a.

coragem	bravura	medo
longe	perto	distante
dormir	despertar	acordar
silêncio	ruído	barulho
depressa	rápido	devagar

7 Leia a adivinha e circule os pares de antônimos, usando uma cor para cada par.

Do direito faço esquerdo
do esquerdo faço direito.
Bonito me acha bonito
feio me acha sempre feio.
O de fora ponho dentro
mas meu dentro está lá fora.
Quem sou eu? Me diga agora.

José Paulo Paes. In: **Varal de poesia**, de Henriqueta Lisboa e outros. São Paulo: Ática, 2005.

a) Copie os pares de antônimos que você circulou.

....

....

b) Qual é a resposta da adivinha? **Dica**: a palavra é trissílaba e tem o dígrafo **lh**.

....

De olho no dicionário

1 Encontre no **Minidicionário** o verbete **idêntico**. Ainda na letra **I**, encontramos um sinônimo para essa palavra. Qual é ele?

....

- Agora, escreva uma frase com as palavras **idêntico** e **igual** para exemplificar seu uso.

....

....

....

....

....

2 Consulte no dicionário os verbetes abaixo e escreva seus sinônimos.

Fique por dentro!

As mesmas coisas podem ser conhecidas por nomes diferentes nas diversas regiões do Brasil.

abóbora → ....

mandioca → ....

carne-seca → ....

pipa → ....

tangerina → ....

guri → ....

ira → ....

quarteirão → ....

valente → ....

Ortografia

ge, gi; je, ji

1 Leia estas duas quadrinhas.

G

O G é letra importante;
Como assim logo se vê:
Como um G se escreve GLOBO
E o globo GIRA com G.

Alex Staroseltsev/Shutterstock

hin255/Shutterstock

J

Com J se escreve JULIETA,
Com J se escreve JOSÉ:
Um joga na borboleta,
O outro no jacaré.

O batalhão das letras, de Mário Quintana. São Paulo: Globo, 2009.

- Copie das quadrinhas as palavras que têm **g** e **j**.

g	j

A letra **g** tem o mesmo som de **j** quando vem seguida de **e** ou **i**.

2 Complete o nome das figuras abaixo com **ge/gi** ou **je/ji**.

Spectral-Design/Shutterstock

João Prudente

Zeljko Radojko/Shutterstock

Marcos Amend/Pulsar Imagens

..........ladeira ....quitibá ....rassol ....boia

3 Escreva o nome das figuras abaixo e circule aquelas cujo nome tem as letras **g** ou **j**.

Miguel Garcia Saavedra/Shutterstock

....

Sergio33/Shutterstock

....

Everything/Shutterstock

....

Kitch Bain/Shutterstock

....

Creative Lab/Shutterstock

....

Fernando Favoretto/Criar Imagem

....

Venus Angel/Shutterstock

....

AdrianNunez/Shutterstock

....

4 Reescreva as frases substituindo as figuras pelas palavras correspondentes.

a) O 

é um vegetal.

....

b) Geraldo não gosta de tomar 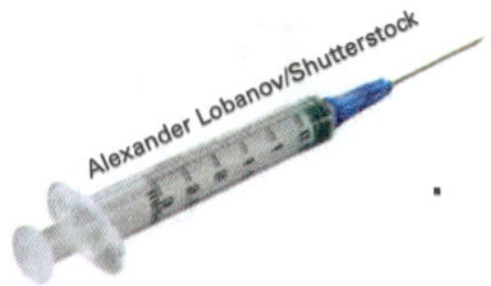

.

....

c) Mamãe trouxe uma 

cheia de pipocas.

....

d) Jéssica colocou 

no suco.

....

5 Descubra a palavra intrusa, escreva-a e desenhe-a no quadro.

gênio
marginal
paisagem
garrafa
giratório

....

- Explique por que essa palavra é intrusa.

....

Capítulo 17 Artigo

Leia a sinopse de um filme.

Divertida Mente

Riley é uma garota divertida de 11 anos, que deve enfrentar mudanças importantes em sua vida quando seus pais decidem deixar a cidade natal para viver em São Francisco. Dentro do cérebro de Riley, convivem várias emoções diferentes, como a Alegria, o Medo, a Raiva, o Nojinho e a Tristeza. A líder deles é a Alegria, que se esforça bastante para fazer com que a vida de Riley seja sempre feliz.

Adaptado de: **Adoro cinema**. Disponível em: <www.adorocinema.com/filmes/filme-196960/>. Acesso em: 5 dez. 2015.

Divulgação/Arquivo da editora

Agora, observe.

artigo	substantivo
uma	garota
a	cidade
a	Alegria
o	Medo
a	Raiva
o	Nojinho
a	Tristeza
a	líder

Artigo é a palavra que acompanha o substantivo, vindo sempre antes dele.

Os artigos são: **o, a, os, as** **um, uma, uns, umas**

Atividades

1 Observe a imagem e copie, antes de cada substantivo, um dos artigos do quadro.

o	os	a	as

Africa Studio/Shutterstock

.... abacaxi .... banana .... *kiwis* .... uvas

2 Leia o texto e complete-o com os artigos do quadro.

o	as	um	uma

Lendas

A lenda é .... história que relata acontecimentos geralmente fantasiosos que se passaram em certo tempo e lugar com pessoas, animais, seres sobrenaturais ou mitos. Parte de .... fato concreto ou não. Geralmente .... real e .... fantástico se misturam. Ela se modifica de acordo com .... lugar e época em que se passa. Cada pessoa que conta .... lenda imprime nela, às vezes, sem querer, algumas alterações: aumenta, diminui .... pouco ou substitui .... palavra por outra e, com isso, ... lendas vão se modificando com .... passar do tempo e de .... região para outra.

Nosso folclore, de Maria Regina Pereira e Zuleika de Almeida Prado. São Paulo: Ave-Maria, 1999.

3 Leia a piada. Depois, circule de vermelho os artigos e de azul os substantivos que estão depois desses artigos.

Bicicleta nova

A garotinha vai dar uma volta
na bicicleta que ganhou de aniversário
e fica exibindo-se para o pai:

— Olha, pai. Sem as mãos!

Dá mais uma volta e grita:

— Olha, pai. Sem os pés!

Outra volta e pá! Dá de cara com
uma árvore.

— Olha, pai. Sem os dentes.

Meu primeiro livro de piadas, de Evelyn Heine e Ângela Finzetto. Blumenau: Todolivro, 2004.

- Agora, distribua nas colunas adequadas os artigos e os substantivos que você circulou. Veja o exemplo.

Artigos	Substantivos
a	garotinha

4 Escreva os artigos **um**, **uma**, **uns** ou **umas** para completar as frases.

a) Deixei .... mochila e .... livros em cima da mesa.

b) A professora chamou .... dos alunos para ler o exercício.

c) Deixei cair .... pacotes dos muitos que carregava.

d) Minha família e eu vamos visitar .... orfanato hoje.

e) Vovó foi à feira comprar .... frutas.

f) Havia .... buracos enormes naquela estrada.

5 Escreva o nome dos substantivos comuns que aparecem na cena. Antes deles, coloque um dos artigos do quadro.

a	o	as	os

....

....

No dia a dia

Corbis/ImagePlus

Quando você estiver em casa, olhe ao seu redor e observe todos os móveis e objetos que existem em cada um dos cômodos. Sua tarefa é escrever o nome deles, acompanhado do artigo correspondente. Veja o modelo.

Sala	Cozinha
o lustre	a geladeira

Quarto	Banheiro
a cortina	o chuveiro

Ortografia

al, el, il, ol, ul; l, u em final de sílaba

1 Leia as frases e observe os pares de palavras destacadas.

Papai **moveu** o **móvel** e derrubou o vaso de flores.
Bebel bebeu suco de laranja.

- Agora, escreva as palavras destacadas embaixo da respectiva figura.

....

....

....

....

2 Reescreva as palavras seguindo o código.

★ ⟶ l   ♥ ⟶ u

Fique por dentro!

As sílabas terminadas em **l** ou **u** depois de vogal têm pronúncia bem parecida.

a★finete	a★vo	a♥tógrafo	pape★
…………	…………	…………	…………
a★face	va★sa	a♥dição	trofé♥
…………	…………	…………	…………
a♥tomóve★	caraco★	barri★	funi★
…………	…………	…………	…………
a★deia	a♥ditório	fra★da	vé♥
…………	…………	…………	…………
astrona♥ta	minga♥	vara★	a♥tor
…………	…………	…………	…………

- Copie, dentre as palavras acima, aquelas que completam as frases.

a) A equipe vencedora da gincana ganhou um …………………….

b) O bebê usa ……………………. descartável.

c) André comeu salada de …………………….

d) Depois do lançamento do livro de histórias no ……………………. da escola, as crianças pediram ……………………. ao …………………….

e) Paulinho quer ser ……………………. para conhecer o espaço.

f) Por favor, coloque estas roupas no …………………….

g) Você gosta de ……………………. de aveia?

3 Leia as palavras do quadro e escreva-as nos espaços para completar as frases.

calda	abril	meu	sou	agiu
Sol	ágil	cauda	abriu	mel

a) Matilde preparou a .... do pudim.

b) O pavão abriu sua .... para cortejar a pavoa.

Guan jiangchi/Shutterstock

c) O juiz de futebol .... com justiça porque o bandeirinha foi muito .... ao marcar a falta.

d) Eu .... o mais novo da classe.

e) O .... ilumina e aquece a Terra.

f) Viajarei no mês do .... aniversário, que é ....

g) A abelha produz .... nas colmeias.

h) Rodrigo .... uma caderneta de poupança para a filha.

4 Complete as frases com **mau** ou **mal**.

> **Fique por dentro!**
>
> **Mau** é o contrário de **bom**.
> **Mal** é o contrário de **bem**.

a) No último domingo o time de Gilberto jogou muito ....

b) Gilberto não é um .... jogador.

c) Marcelo faltou ao colégio porque estava passando ....

d) Apesar do .... tempo, o desfile não foi adiado.

5 Trace o caminho que a galinha deve fazer para fugir da raposa.

Peter Muller/Getty Images

Ken Schulze/Shutterstock

- Agora, marque um **X** na informação correta.

  No caminho que afasta a galinha da raposa:

  ◯ todas as palavras têm **l** em final de sílaba.

  ◯ todas as palavras têm **u** em final de sílaba.

  ◯ há palavras com **u** e com **l** em final de sílaba.

6 Decifre o código e leia a mensagem secreta.

O  [1] – ve + péu e  [2] – vo

 [3] – bacaxi + ven + tal  [4] – ta + caram

 [5] – ve 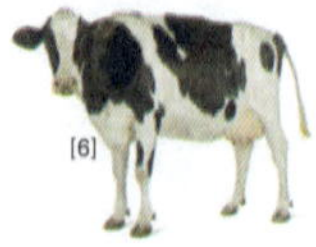 [6] – ca + ral  [7] – da

 [8] – ze + tal.

Imagens: [1] MA8/Shutterstock [2] rangizzz/Shutterstock [3] Valentina Proskurina/Shutterstock [4] P. Chinnapong/Shutterstock [5] totallyPic.com/Shutterstock [6] Eric Isselee/Shutterstock [7] David Stuart Productions [8] morenina/Shutterstock

Capítulo 18

Substantivo: singular e plural

Observe as imagens.

Fotos: Hidden/SXC.HU

Veja:

cavalo — Refere-se a um único elemento. — **singular**

cavalos — Refere-se a mais de um elemento. — **plural**

Os substantivos podem estar no **singular** ou no **plural**.

Atividades

1 Complete as frases com o plural dos substantivos entre parênteses.

Fique por dentro!

Em geral, acrescentamos **s** ou **es** para formar o plural dos substantivos.

a) Os .... acabaram de ser pintados. (cartaz)

b) O sinal soou. As .... já vão começar. (aula)

c) Comprei os .... e os .... para a receita. (legume/tempero)

d) Subi uma escada de quase cem .... (degrau)

e) Os .... estão em reunião. (professor)

2 Leia o texto.

> "Ver **as estrelas** sempre me faz sonhar", escreveu Vincent.
>
> Ele trabalhou muito enquanto esteve em Arles, até mesmo de noite. Contam que amarrava **velas acesas** no chapéu para pintar no escuro. [...]
>
> **As cores de Van Gogh**, de Claire Merleau-Ponty. Tradução de Eduardo Brandão. São Paulo: Companhia das Letrinhas, 2014.

- Agora, escreva no singular as expressões destacadas.

....

....

3 Leia o texto.

Aves do Alasca

Andrea Schmidt

Papagaios-do-mar-de-tufos

Já imaginou como seria uma **ave** com corpo de **pinguim**, bico de **papagaio**, pé de **pato** e ainda **topete** louro? Aposto que não. Mas essa ave existe e tem o nome de papagaio-do-mar-de-tufos [...]. Ele é considerado uma das aves marinhas mais lindas e diferentes do mundo e não é tão fácil encontrá-lo. Eu precisei viajar até o Alasca, nos Estados Unidos, para observar um exemplar desta **espécie**!

A viagem longa valeu a pena. Essa região, famosa pelo clima muito frio e paisagens cheias de gelo, tem uma primavera muito bonita. Na ilha de São Paulo, que fica próximo ao litoral e tem pouquíssimos **habitantes** humanos – cerca de 500! –, a natureza guarda boas **surpresas** para essa estação do ano.

[...]

Você pode estar se perguntando se essas **cores** vibrantes e esses **apetrechos** na cabeça não atraem atenção de **predadores**. [...] A resposta é boa: na verdade, a única ameaça para essa espécie na ilha de São Paulo são as raposas-do-ártico. [...]

Felizmente para os papagaios-do-mar, eles se adaptaram bem à região, adquirindo o hábito de construir seus **ninhos** em lugares inacessíveis para outros animais, como fendas nas rochas de enormes penhascos. Escapam, assim, de virar jantar de raposa! [...]

Ciência Hoje das Crianças. Disponível em: <http://chc.cienciahoje.uol.com.br/aves-do-alasca/>. Acesso em: 6 dez. 2015.

- Escreva na coluna adequada os substantivos destacados no texto.

Singular	Plural
....	....
....	....
....	....
....	....
....	....
....	....

4 Há também outras formas de fazer o plural dos substantivos. Veja os exemplos e escreva.

Fique por dentro!

O artigo indica se o substantivo está no singular ou no plural.

Trocando **al** por **ais**	Trocando **ol** por **óis**
o casal → os *casais*	o farol → os *faróis*
a vogal → as	o caracol → os ....
o canal → os	o lençol → os ....
o varal → os	o girassol → os ....

Trocando **el** por **éis**	Trocando **il** por **eis**
o pastel → os *pastéis*	o projétil → os *projéteis*
o hotel → os	o réptil → os ....
o papel → os	o míssil → os ....
o anel → os	o fóssil → os ....

De olho no dicionário

1 Abra o **Minidicionário** na página 19.

a) Quais são o primeiro e o último verbete dessa página?

....

b) Esses verbetes estão no singular ou no plural?

....

c) Confira os outros verbetes da página. Algum deles está no plural?

....

2 Veja as palavras que Bia precisa procurar no dicionário. Qual palavra de cada par ela encontrará como verbete? Circule-a.

> príncipe ou príncipes?
> boletim ou boletins?
> cantina ou cantinas?

3 Para encontrar as seguintes palavras no dicionário, de que forma você teria que procurar por elas?

gaúchos ....

zeladores ....

pinguins ....

jovens ....

automóveis ....

carnavais ....

legíveis ....

pincéis ....

gêmeos ....

troféus ....

ferozes ....

epidemias ....

difíceis ....

quarteirões ....

No dia a dia

Você costuma ver folhetos de lojas e supermercados anunciando promoções e liquidações? Observe o folheto do supermercado Compre Aqui. Ele está fazendo uma superpromoção por tempo limitado! Quem comprar mais de um produto ganhará um descontão!

- Termine de elaborar o folheto escrevendo o nome dos produtos anunciados no plural e colocando neles um precinho bem atraente.

Compre Aqui
supermercados

Promoção
Leve mais e Pague menos

Jaroslaw Grudzinski/Shutterstock/Imageplus

1 escova por **R$ 4,99**
Leve **3** .... e
pague só **R$** ....!

Sérgio Dotta Jr./Arquivo da editora

1 garrafa por **R$ 4,99**
Leve **2** .... e
pague só **R$** ....!

Marisa Martins/Arquivo da editora

1 lata por **R$ 2,10**
Leve **3** .... e
pague só **R$** ....!

1 xampu por **R$ 8,59**
Leve **2** .... e
pague só **R$** ....!

Sérgio Dotta Jr./Arquivo da editora

Sérgio Dotta Jr./Arquivo da editora

1 caixa por **R$ 1,49**
Leve **12** .... e
pague só **R$** ....!

Sérgio Dotta Jr./Arquivo da editora

1 sabonete por **R$ 1,20**
Leve **6** .... e
pague só **R$** ....!

Ortografia

-isar, -izar

1 Leia a frase.

Para nos **tranquilizar**, a professora mandou **avisar** que podemos **pesquisar** até **finalizar** o assunto.

- Escreva, nas colunas adequadas, as palavras destacadas.

Palavras terminadas em **-isar**	Palavras terminadas em **-izar**

Observe.

Avisar vem de **aviso**.
Pesquisar vem de **pesquisa**.

Quando a palavra de origem (avi**s**o, pesqui**s**a) tem **s**, o verbo mantém essa letra: avi**s**ar, pesqui**s**ar.

Observe agora.

Tranquilizar vem de **tranquilo**.
Finalizar vem de **final**.

Quando a palavra de origem não tem **s** (tranquilo, final), o verbo é escrito com **z**: tranquili**z**ar, finali**z**ar.

2 Forme verbos com os substantivos. Veja os exemplos.

-isar	-izar
liso → alisar	útil → utilizar
piso →	local → ....
análise →	canal → ....
reprise →	esquema → ....

3 Encontre no diagrama verbos terminados em **-isar** e **-izar** e circule-os.

Q	R	F	H	M	P	R	Q	W	T
P	L	K	R	E	V	I	S	A	R
R	J	T	Y	M	C	V	W	Q	X
E	C	O	N	O	M	I	Z	A	R
C	H	J	I	R	U	X	R	Q	E
I	A	A	T	I	E	R	Y	T	P
S	O	H	P	Z	I	V	G	W	R
A	Ç	G	B	A	P	L	C	Q	I
R	H	Y	T	R	R	W	Y	G	S
P	L	J	H	Y	R	T	P	I	A
Ç	O	R	G	A	N	I	Z	A	R

a) Complete as frases com os verbos que você circulou.

Não vou .... do livro agora.

Vou .... a matéria da prova.

É preciso .... água.

Não consigo .... datas históricas.

Hoje vão .... meu filme predileto na TV.

Vamos nos .... para trabalhar em grupos.

b) Quantos desses verbos terminam em **-isar**? Por que eles têm essa terminação?

Capítulo 19

Substantivo: masculino e feminino

Leia.

Observe:

o aluno

o professor

substantivos masculinos

a aluna

a professora

substantivos femininos

Os substantivos podem ser **masculinos** ou **femininos**.
O artigo indica se o substantivo é masculino ou feminino.

Conheça alguns substantivos masculinos e o seu feminino.

o amigo	a amiga	o cavaleiro	a amazona
o juiz	a juíza	o cavalheiro	a dama
o anão	a anã	o cavalo	a égua
o ladrão	a ladra	o compadre	a comadre
o ator	a atriz	o conde	a condessa
o macho	a fêmea	o frade	a freira
o autor	a autora	o genro	a nora
o padrasto	a madrasta	o herói	a heroína
o barão	a baronesa	o carneiro	a ovelha
o padrinho	a madrinha	o cão	a cadela
o boi	a vaca	o rei	a rainha
o poeta	a poetisa	o cachorro	a cachorra
o irmão	a irmã	o zangão	a abelha

Como você pôde observar no quadro acima, nem sempre a forma feminina é formada com a troca do **o** pelo **a** ou com o acréscimo de **a**.

o/um cavaleiro

a/uma amazona

os/uns bois

as/umas vacas

Antes de substantivo feminino, usamos os artigos **a**, **as**, **uma**, **umas**. Antes de substantivo masculino, usamos os artigos **o**, **os**, **um**, **uns**.

Atividades

1 Copie as palavras e coloque um artigo antes delas. Veja o exemplo.

montanha → a/uma montanha

lenda → ....

Sol → ....

revista → ....

estojo → ....

livro → ....

Lua → ....

2 Escreva os artigos **a**, **as**, **o**, **os** antes dos substantivos. Depois, indique se eles estão no feminino ou no masculino escrevendo **F** ou **M**. Veja o exemplo.

a folha (F)	..... fumaça ( )	..... geladeira ( )
..... cadernos ( )	..... aves ( )	..... teto ( )
..... escova ( )	..... lustres ( )	..... tapetes ( )
..... espelho ( )	..... lápis ( )	..... pássaro ( )
..... fogão ( )	..... pente ( )	..... mesa ( )
..... chão ( )	..... toalhas ( )	..... papéis ( )

3 Escreva o feminino das formas destacadas para completar as frases.

a) **Um amigo** seu emprestou um livro a .... minha.

b) **O cantor** e .... agradeceram os aplausos.

c) O público aplaudiu **os campeões** e .... do torneio.

d) **O cachorrinho** e .... brincavam juntos.

4 Leia a fábula e complete os espaços com os artigos adequados.

O pavão queixando-se a Juno

Cabisbaixo, ... pavão procurou .... deusa Juno para se queixar:

— Ó deusa, ... rouxinol pequenino e vulgar alegra .... floresta inteira ao cantar! Eu mal consigo repetir .... dó-ré-mi. Ah, que azar!

Irritada, ... deusa respondeu:

— Quanta inveja! Logo você, ... ave com penas tão deslumbrantes, cobiçadas por reis e sultões. Fique sabendo, meu caro pavão, que .... natureza é sábia. Ela distribui seus dons entre todas .... aves. .... rouxinol tem uma voz suave e doce. .... falcão é veloz. .... águia, forte. .... gralha é capaz de prever mortes. Grande ou pequena, cada ave tem seu próprio dom. Trate de se conformar e valorizar o que tem, senão eu vou arrancar suas penas!

Ficar sem suas lindas penas? Ah! Isso .... pavão não queria, não.

Cada um deve valorizar .... seus próprios dons.

Fábulas de Jean La Fontaine. Adaptação de Lúcia Tulchinski. São Paulo: Scipione, 2008.

- Agora, complete o quadro com as formas que faltam.

Masculino	Feminino
pavão	....
....	deusa
reis	....
sultões	....

De olho no dicionário

1 Leia estes verbetes de dicionário.

rainha

sf.

1. A esposa (ou a viúva) do rei (1). **2.** A soberana de um reino (1). **3.** A principal entre outras ou outros. **4.** A peça mais poderosa do jogo de xadrez. **5.** Abelha-mestra.

rei

sm.

1. Soberano que rege um Estado monárquico. **2.** Título por vezes dado ao marido da rainha. **3.** Carta de baralho, com a figura de um rei. **4.** A principal peça do jogo de xadrez.

Míni Aurélio: o dicionário da língua portuguesa, de Aurélio Buarque de Holanda Ferreira. Curitiba: Positivo, 2008.

> Depois do verbete **rainha** aparecem as letras **sf**. Essa é a abreviatura de **substantivo feminino**.

- Depois do verbete **rei** aparecem as letras **sm**. Você sabe o que elas significam?

....

....

2 Encontre no **Minidicionário** a forma masculina das palavras a seguir.

mestra →	colaboradora → ....
heroína →	delegada → ....
galinha →	ovelha → ....
mendiga →	cachorra → ....
destinatária →	telespectadora → ....

Ortografia

e, i em final de palavra

1 Leia o bilhete abaixo e circule as palavras terminadas em **e**.

> Alice,
>
> por favor, quando for ao supermercado, traga leite, pois não temos mais para hoje.

A letra **e**, em final de palavra, costuma ser pronunciada com som de **i**.

2 Complete as palavras seguindo o código.

☽ → e ★ → i

verd .... ☽	beg .... ☽	biquín .... ★
quat .... ★	sucur .... ★	gent .... ☽
noit .... ☽	fug .... ★	omelet .... ☽

3 Escreva **e** ou **i** para completar as palavras das frases.

a) Mamã............ sa............ d............ casa cedo para trabalhar no centro da cidad............ .

b) Tome............ leit............ quent............ e com............ bolo d............ chocolat............ com crem............ .

c) Aquel............ restaurant............ serv............ jantar até tard............ da noit............ .

4 Escreva **e** ou **i** para completar as palavras do quadro. Depois, separe-as em sílabas. **Dica**: os quadrinhos coloridos indicam a sílaba tônica.

> Quando a sílaba tônica for a última, a palavra termina em **i**.
> Quando a sílaba tônica for a penúltima, termina em **e**.

uniform......	......	......	......	......
jabut......	......	......	......	
lustr......	......	......		
important......	......	......	......	......
abacax......	......	......	......	......
com......	......	......		
com......	......	......		
gerent......	......	......	......	

PathDoc/Shutterstock

Com **e** ou com **i**?

5 Encontre no diagrama palavras terminadas em **e** e **i** e circule-as.

I	P	M	S	A	U	D	A	D	E	O	N	U	R	B
A	R	Q	A	D	E	V	A	S	V	U	I	S	T	C
C	N	O	B	M	D	J	B	Q	U	E	T	P	N	D
P	S	R	O	O	S	T	O	I	C	L	U	A	A	S
E	O	I	N	U	B	V	S	W	R	E	A	R	B	U
F	R	P	E	T	J	A	Q	E	S	F	C	E	A	C
U	V	E	T	N	A	L	U	A	U	A	P	N	R	U
R	E	F	E	A	V	O	E	N	L	N	T	T	G	R
B	T	A	I	R	A	P	A	F	I	T	O	E	A	I
O	E	D	T	E	L	E	F	O	N	E	P	I	T	A
B	A	X	O	J	I	E	N	A	E	R	N	T	A	V

Capítulo 20

Substantivo: diminutivo e aumentativo

Leia o texto e observe as palavras destacadas.

Não importa onde morar,
numa **casa, casinha** ou **casarão.**
O que importa mesmo são as pessoas
que moram dentro do seu coração.

As figuras abaixo apresentam a casa em tamanhos diferentes.

casa
tamanho normal

casinha ou **casebre**
tamanho pequeno

casarão
tamanho grande

O substantivo muda de forma para indicar aumento ou diminuição de tamanho.

grau normal (tamanho normal): **casa**
diminutivo (tamanho pequeno): **casinha** ou **casebre**
aumentativo (tamanho grande): **casarão**

Fique por dentro!

Para saber em que grau está o substantivo, observe sua terminação: casa, cas**inha**, cas**arão**.

Veja alguns substantivos no grau normal, no diminutivo e no aumentativo.

Normal	Diminutivo	Aumentativo
amigo	amiguinho	amigão
animal	animalzinho	animalão
boca	boquinha	bocarra
copo	copinho	copázio
flor	florzinha	florzona
fogo	foguinho	fogaréu
homem	homenzinho	homenzarrão
muro	murinho, mureta	muralha
nariz	narizinho	narigão

Como você viu, o diminutivo e o aumentativo são geralmente usados para dar ideia de tamanho.

Há casos, no entanto, em que os diminutivos e aumentativos podem indicar sentimentos e críticas. Observe:

carinho

elogio

elogio, admiração

desprezo

Atividades

1 Escreva o diminutivo ou o aumentativo dos substantivos destacados para completar as frases.

a) Joana comeu um **pedacinho** do bolo, mas eu comi um ....!

b) Nem ligo para este **carrão**, prefiro mesmo o meu ....

c) Pedi a construção de uma **muralha** e você fez um simples ....?

blickwinkel/fototototo/Alamy/Latinstock

d) Não há comparação entre a **boquinha** do peixe e a .... do sapo!

e) Prefiro um .... a um **animalão**.

2 Agrupe os substantivos do quadro, escrevendo-os na coluna que indica o grau correspondente.

chapeuzinho	homenzarrão	blusinha	barca
chapelão	homem	barcaça	homenzinho
barquinha	blusão	blusa	chapéu

Normal	Diminutivo	Aumentativo
....	....	....
....	....	....
....	....	....
....	....	....

3 Reescreva as frases substituindo os termos destacados por uma única palavra no diminutivo ou no aumentativo.

a) Na areia da praia havia **pequenas pedras**.

....

b) Trouxemos um **chapéu enorme** para você.

....

c) Estava com os **pequenos olhos** bem abertos.

....

d) O que há dentro deste **minúsculo pacote**?

....

4 Leia as frases e distribua as palavras destacadas nos quadros adequados.

Fique por dentro!

Podemos utilizar o diminutivo e o aumentativo para expressar sentimentos e críticas.

a) É um **docinho** esse bebê!

b) Você é mesmo um **companheirão**, um **amigão** de verdade!

c) **Paizinho**, você é meu herói!

d) Não quero fazer parte desse **timinho**!

e) Ele é muito **resmungão** e **folgadão**.

f) Que **sujeitinho** desagradável! Ele grita com todo mundo!

Diminutivo: expressa carinho	Aumentativo: expressa carinho	Diminutivo: expressa desprezo	Aumentativo: expressa crítica
....	....	....	....
....	....	....	....

No dia a dia

Como você já viu, nem todas as palavras terminadas em **-ão** estão no aumentativo. Da mesma forma, nem todas as palavras terminadas em **-inho** e **-inha** estão no diminutivo.

Pesquise em jornais, revistas, gibis, folhetos e panfletos palavras terminadas em **-ão**, **-inho** e **-inha**, recorte-as e cole-as nos quadros, de acordo com o seu grau.

Palavras com **-ão** que estão no aumentativo	Palavras com **-ão** que não estão no aumentativo

Palavras com **-inho** e **-inha** que estão no diminutivo	Palavras com **-inho** e **-inha** que não estão no diminutivo

Ortografia

o, u

1 Leia o trecho em voz alta.

O jacaré-de-papo**o**-amarel**o** tem, cobrind**o** o seu corp**o**, um cour**o** gross**o** marrom-escur**o**.

jacaré-de-papo-amarelo

Quando vem no final da palavra, a letra **o** costuma ser pronunciada com som de **u**.

2 Complete as palavras com a letra **o** e leia-as em voz alta.

f.......cinh.......	camundong.......	caç.......ar
mág.......a	t.......ssir	espirr.......
c.......chich.......	c.......brir	c.......rtiç.......
rat.......eira	d.......ming.......	d.......rmir

- Agora, complete as palavras com a letra **u** e leia-as em voz alta.

c.......spir	escap.......lir	ac.......dir
táb.......a	tab.......ada	b.......eiro
ent.......pir	c.......tia	tab.......leiro
p.......r.......r.......ca	espetác.......lo	dimin.......tivo

3 Leia as palavras do quadro em voz alta e circule a sílaba tônica.

Terminam em **o**		Terminam em **u**	
ovo caderno	retrato mágico	caju xampu	urubu angu

- Agora, complete as frases de acordo com as palavras do quadro.

  a) A sílaba tônica das palavras terminadas em .... é a penúltima ou a antepenúltima da palavra.

  b) A sílaba tônica das palavras terminadas em .... é a última da palavra.

4 Reescreva as frases substituindo as figuras pelas letras **o** ou **u**.

● → o   ■ → u

a) Os adversários c■mprimentaram o campeão.

....

b) Qual é o c●mprimento desta sala?

....

c) Comi frang● assad● n● almoç●.

....

d) Feri■ o braç●, mas mesm● assim ri■.

....

5 O que é, o que é? Siga as dicas e escreva as palavras.

a) Réptil terrestre, viveu há milhões de anos. (10 letras)

....

b) Parte de um vegetal na qual estão as sementes. (5 letras)

....

c) Mamífero de orelhas longas e pelo macio. (6 letras)

....

d) Filho do meu tio ou da minha tia. (5 letras)

....

e) Aquilo que não foi cozido. (3 letras)

....

f) Mamífero herbívoro que vive na Austrália e na Tasmânia. (7 letras)

....

g) Sétimo planeta do Sistema Solar em ordem de distância do Sol. (5 letras)

....

h) Mamífero que tem uma carapaça, unhas compridas e cava buracos no chão. (4 letras)

....

6 Escreva uma frase com cada palavra dos pares.

a) cumprimento – comprimento

....

....

b) acento – assento

....

....

c) cumprido – comprido

....

....

....

Capítulo 21

Plural das palavras terminadas em r, s, z

Você já aprendeu que o jeito mais comum para se formar o plural é acrescentar a letra **s** à palavra no singular. Observe:

Dudarev Mikhail/Shutterstock

uma bicicleta

Vadim Ponomarenko/Shutterstock

duas bicicleta**s**

Veja, agora, como fazemos o plural das palavras terminadas em:

r	
singular	**plural**
apontador	apontadores
cantor	cantores
flor	flores

s	
singular	**plural**
mês	meses
país	países
português	portugueses

z	
singular	**plural**
paz	pazes
voz	vozes
capuz	capuzes

Como você viu, as palavras terminadas em **r**, **s** e **z** fazem o plural com o acréscimo de **-es**.

Atividades

1 Escreva nos espaços o plural dos substantivos entre parênteses para completar as frases.

a) Nos próximos dois ...., os .... estarão em férias. (mês/professor)

b) Os .... sobre a reciclagem do lixo fizeram sucesso na escola. (cartaz)

c) Os .... se apresentaram na reunião. (rapaz)

d) Quais são os .... que participarão da próxima Copa do Mundo? (país)

e) Os .... assistiram à apresentação dos .... (ator/cantor)

f) Aprendi na tabuada que 6 .... 3 são 18. (vez)

g) Nos contos de fadas, o príncipe e a princesa vivem .... para sempre. (feliz)

2 Qual é a palavra intrusa em cada grupo? Circule-a.

cicatrizes
trabalhadores
apontador
abajures
polegares
vezes

gás
holandês
voraz
fregueses
matriz
cor

3 Encontre no diagrama as palavras que representam o plural das palavras do quadro abaixo e circule-as.

lugar	atriz	senhor	raiz
inglês	mar	olhar	castor

O	N	U	R	B	A	J	A	T	I	E	B	A	I	N
L	A	O	L	H	A	R	E	S	N	Z	A	M	G	S
L	E	S	A	F	A	B	A	E	M	A	R	E	S	E
U	I	A	L	O	B	R	E	D	A	R	G	I	N	S
G	A	L	A	R	G	I	S	H	O	J	A	A	P	N
I	B	U	O	J	A	D	T	A	N	A	R	E	S	A
A	C	G	R	E	S	A	I	P	D	T	R	I	A	L
B	H	A	R	I	A	L	N	S	M	O	E	V	G	L
A	T	R	I	Z	E	S	G	A	A	C	A	U	A	U
H	A	E	A	H	S	A	L	T	D	E	C	I	D	G
A	N	S	D	C	F	S	E	R	A	Í	Z	E	S	I
C	S	E	E	G	A	L	S		N	O	B	E	O	A
O	C	A	S	T	O	R	E	S	I	T	E	R	S	B
I	S	P	E	R	I	A	S	E	N	H	O	R	E	S
S	A	R	G	I	S	H	O	J	T	I	N	A	T	S

- Agora, escreva no caderno uma frase com cada um dos substantivos encontrados.

4 A qual grupo pertencem os profissionais abaixo? Escreva **singular** ou **plural** no topo da coluna correspondente.

....	....
escritores	escritor
pintores	pintor
corretores	corretor
doutores	doutor
encanadores	encanador

5 Observe.

revers/Shutterstock

o tênis

revers/Shutterstock

os tênis

> Alguns substantivos terminados em **s** têm a mesma forma no singular e no plural.

- Agora, escreva os substantivos entre parênteses no plural para completar as frases.

  a) As xícaras e os .... faziam parte do mesmo conjunto. (pires)

  b) Os .... desta cidade são muito modernos. (ônibus)

  c) Preciso apontar meus .... de cor. (lápis)

6 Escreva o nome das figuras. **Dica**: todos terminam em **z**.

vblinov/Shutterstock

....

Madlen/Shutterstock

....

Pincarel/Shutterstock

....

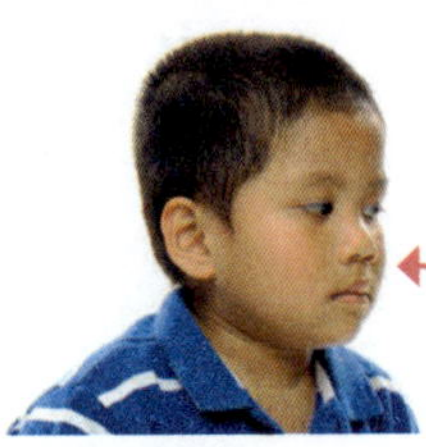

KMW Photography

....

Nordling/Shutterstock

....

hpbdesign/Shutterstock

....

Ortografia

as, es, is, os, us

1 Leia estes quadrinhos.

ROTEIRO: ROBSON B. LACERDA • DESENHO: CARLOS A. PEREIRA • ARTE-FINAL: REGINALDO S. ALMEIDA

Revista Turma da Mônica, de Mauricio de Sousa. São Paulo: Panini Comics, n. 7, nov. 2015.

- Escreva as palavras destacadas na coluna adequada.

as	es	is

2 Complete as palavras com as sílabas do quadro. Depois, copie-as.

ros	as	les	pas

....	tel

....

....	tro	nau	ta

....

....	to

....

te	....	có	pi	o

....

3 Junte as sílabas com figuras iguais e descubra as palavras.

● ves	◆ más	■ hos	★ sus	▲ bis	■ tal
● do	♥ es	■ pi	● ti	◆ ca	▲ coi
♥ to	★ to	♥ pan	▲ to	◆ ra	

◆ ⟶ ....

● ⟶ ....

■ ⟶ ....

▲ ⟶ ....

♥ ⟶ ....

★ ⟶ ....

- Agora, escolha três palavras que você formou e escreva frases com elas.

Ideias em ação

1 Observe com atenção a pintura e depois responda às questões.

Menino com pião, de Candido Portinari, 1947.

a) Qual é o nome da obra e quem a pintou?

...

...

b) Escreva o que você observou na obra.

...

...

...

...

c) O que você achou da obra? Justifique sua resposta conversando com os colegas e com o professor.

2 Ainda sobre a obra, responda:

a) Como ficaria o nome da obra se colocado no plural?

....

b) A palavra **pião** é:

Dica: você pode marcar mais de uma alternativa.

( ) substantivo próprio.

( ) substantivo singular.

( ) substantivo aumentativo.

( ) substantivo feminino.

( ) substantivo masculino.

( ) substantivo comum.

c) Que outro nome você daria para essa obra de Portinari? Justifique sua resposta.

....

....

....

....

d) Crie uma frase para a obra **Menino com pião**. Depois, circule o artigo da sua frase.

....

....

....

....

....

....

Unidade 4

O que vou estudar?

- Adjetivo
- Pronome
- Verbo
- Tempos do verbo: passado, presente, futuro
- Verbo: fenômenos da natureza
- Plural das palavras terminadas em m
- Sujeito e predicado

Capítulo 22 Adjetivo

Três equipes escreveram o maior número possível de características para o substantivo **sofá**, representado abaixo.

Ad Oculos/Shutterstock

1ª equipe	2ª equipe	3ª equipe
vermelho	grande	novo
elegante	bonito	limpo
largo	macio	grande
bonito	alto	
	largo	
	fofo	

Quem venceu esse jogo?

Adjetivo é uma palavra que mostra uma característica do substantivo que acompanha. Ele descreve como é esse substantivo. Alguns adjetivos podem vir antes ou depois do substantivo (**bonito** sofá, sofá **vermelho**).

Atividades

1 Escreva um substantivo e um adjetivo para completar cada frase. Consulte o quadro.

> **Substantivos** são palavras que dão nome às coisas, às pessoas, aos animais, aos lugares, aos sentimentos.

professora	menino	contente	flor
Luciano	perfumada	loiros	bonito

a) Como é .... esta ....!

b) O .... está tão ....!

c) .... é um rapaz muito ....

d) Os cabelos da .... são ....

2 Atribua diferentes características a cada substantivo. Veja o exemplo.

a) cidade → pequena, limpa, silenciosa, antiga

b) brinquedo → ....

c) gato → ....

d) escola → ....

e) livro → ....

f) praia → ....

g) janela → ....

h) sorriso → ....

3 Observe os cartazes e escreva o que se pede.

a)

- Um substantivo e três adjetivos.

....

b)

- Um substantivo e dois adjetivos.

....

4 Escreva um texto com o título "Minha rua é assim". Lembre-se de utilizar adjetivos para dar qualidade aos substantivos.

....

....

....

....

Fique por dentro!

O adjetivo pode indicar uma qualidade boa ou ruim.

- Agora, circule os adjetivos no texto que você escreveu.

5 Leia esta tirinha.

Armandinho, de Alexandre Beck. Disponível em: <www1.folha.uol.com.br/colunas/quebracabeca/2015/07/1659962-voce-e-uma-crianca-vaidosa.shtml>. Acesso em: 31 jan. 2016.

a) Os objetos que a personagem Fê ganhou de aniversário são substantivos ou adjetivos?

....

....

....

b) Com que adjetivo Fê qualifica o substantivo **embalagem**?

....

....

c) Complete a frase.

O adjetivo .... aparece antes do substantivo **conteúdo**.

d) Escreva dois adjetivos para:

tia → ....

estojo → ....

aniversário → ....

pai → ....

livro → ....

De olho no dicionário

1 Abra o **Minidicionário** na letra L e copie, em ordem alfabética, os adjetivos que encontrar.

....

....

- Agora, circule os substantivos das frases e complete-as com os adjetivos que você copiou.

  a) O homem abriu a gaiola e deixou o canário .... para voar.

  b) A lebre é um animal .... e esperto.

  c) Pegamos o metrô .... para ir ao centro.

  d) Precisamos escrever com letra ...., senão a professora não entende.

  e) O avião é mais .... que o ar.

  f) A zebra tem o pelo ....

2 Copie, do **Minidicionário**, os adjetivos da letra U.

....

- Agora, escreva no caderno uma frase com cada um deles, acompanhando-o de um substantivo.

3 Copie, da letra V do **Minidicionário**:

a) um adjetivo acentuado que significa "algo que pode ser visto";

....

b) um adjetivo que é antônimo de "cheio".

....

No dia a dia

Você já visitou algum museu? Gosta de apreciar obras de arte?

Então veja a tela reproduzida a seguir. Ela pertence a um estilo chamado "arte naïf", em que as pinturas são marcadas pela simplicidade, criatividade, espontaneidade e pelo uso de cores fortes e vibrantes.

- Observe a imagem atentamente e descreva-a com o uso de adjetivos.

Divulgação/Galeria Jacques Ardies

Grupo do forró livre, óleo sobre tela de Lourdes de Deus, 2003.

....

....

....

Ortografia

Consoante não acompanhada de vogal

1 Leia a informação.

Na ponta dos dedos

Percebemos que um **objeto** é quente ou frio, duro ou macio, graças aos **receptores** da nossa pele. As pontas dos dedos são umas das partes do corpo mais sensíveis ao toque porque elas têm muitos receptores.

Biblioteca Larousse corpo humano: como é feito, como funciona, e cuidados com a saúde. Tradução de Adriana Carvalho. São Paulo: Larousse do Brasil, 2005.

- Leia em voz alta as palavras destacadas e copie-as no quadro.

Palavra	Encontro consonantal	Separação de sílabas
....	....	....
....	....	....

2 Circule os encontros consonantais das palavras do quadro. Depois, complete as frases com elas.

técnico	psicólogo	Edna
bactéria	advogado	infecções

a) A .... é um micróbio causador de ....

b) O .... e o .... são vizinhos.

c) Um ótimo .... consertou meu computador.

d) .... é uma menina inteligente e estudiosa.

3 Organize as sílabas de acordo com as cores e forme palavras com consoante não acompanhada de vogal. Depois, separe suas sílabas.

sub	re	ad	ab	cep
je	tra	ção	vo	sur
rép	ti	do	ção	til

- Escolha duas dessas palavras e forme frases com elas.

4 Em qual meio de transporte o menino quer viajar? Siga o caminho de cada letra, escreva-as no lugar correto e descubra.

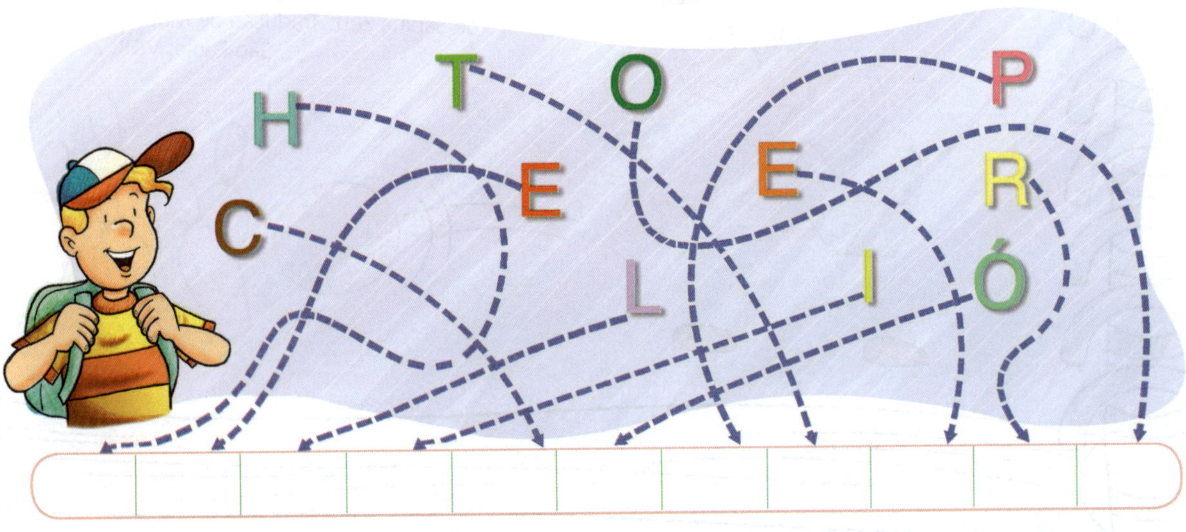

Capítulo 23

Pronome

Leia um trecho deste diário e observe as palavras destacadas.

[...]

Meus pais tiveram um daqueles ataques de "tempo para a família" que de vez em quando aparecia lá em casa. Quando isso acontecia, nem **eu** nem Anna podíamos fazer nossos próprios planos. Em vez disso, tínhamos que fazer alguma coisa com mamãe e papai.

Tudo bem, às vezes até dava para aguentar o programa, como quando **eles** resolviam nos levar para uma escalada, para o boliche ou para um parque de diversões, mas mesmo assim ficávamos com a sensação de que nossa liberdade estava seriamente restringida com isso. Anna ainda podia se encontrar com os amigos à noite, mas **eu** ficava preso como um escravo, tendo que escutar coisas como: "Anna já tem quase dezoito anos. **Você** é cinco anos mais novo, então não está perdendo nada lá fora, à noite".

Isso era totalmente injusto!

[...]

Hugo, prestes a decolar!, de Sabine Zett. Tradução de Mateus Erthal. São Paulo: V&R, 2014.

As palavras **eu**, **você** e **eles**, destacadas no texto, são chamadas de **pronomes**.

Veja alguns pronomes.

Singular	Plural
eu tu/você ele/ela	nós vós/vocês eles/elas

Quem fala: **eu**, **nós**.

Com quem se fala: **tu/você**, **vós/vocês**.

De quem se fala: **ele/ela**, **eles/elas**.

Para não repetir a mesma palavra em um texto, podemos utilizar um pronome. Veja como ficam as frases sem repetir a palavra **dinossauros**.

Os **dinossauros** foram as criaturas mais misteriosas que já habitaram nosso planeta. **Eles** viveram na Terra por 165 milhões de anos.

Paul A. Souders/Corbis/Latinstock

O pronome **eles** substituiu o substantivo **dinossauros**.

Pronome é uma palavra que substitui o nome (substantivo).

Atividades

1 Leia as frases e circule os pronomes.

wavebreakmedia/Shutterstock

a) Você gosta de livros de história?

b) Nós aprendemos a patinar.

c) Será que ele vem?

d) Eu ganhei quinze figurinhas!

e) Tu estás cansada?

2 Que palavras os pronomes destacados estão substituindo? Leia as frases e escreva.

a) Luísa apagou a luz. **Ela** não tem medo do escuro. Já seu irmão Paulo não gosta de dormir com todas as luzes apagadas. **Ele** ainda é pequeno e tem medo.

Ela: .... Ele: ....

b) Os gambás são pequenos animais peludos. **Eles** soltam um cheiro muito ruim quando estão com medo.

Eles: ....

c) Eu e Caio fomos ao cinema. **Nós** adoramos o filme!

Nós: ....

3 Reescreva as frases substituindo os pronomes por nomes próprios.

a) Elas são amigas. → .... são amigas.

b) Nós vimos o filme. → .... vimos o filme.

c) Ele joga xadrez. → .... joga xadrez.

4 Complete as frases com os pronomes do quadro.

eles	nós	ela	você	ele	tu	elas	vocês

a) As abelhas vivem em colmeias. .... fabricam mel.

b) O menino está radiante. .... está de férias!

c) A baleia é o maior animal que existe. .... vive no mar, mas não é peixe; é um mamífero.

d) .... escreves lindas histórias infantis.

e) Não sei onde deixei os livros. Alguém sabe onde .... estão?

f) Carlos, Pedro e eu somos muito amigos. .... gostamos de brincar juntos no clube.

g) Paulo, ... quer ir à livraria comigo?

h) Ei, o que .... estão aprontando?

5 Reescreva as frases passando para o plural os pronomes em destaque.

a) **Ele** dorme e acorda cedo.

....

b) **Você** pode me emprestar este livro?

....

c) **Ela** gosta de caminhar na praia.

....

Fique por dentro!

Quando o pronome está no singular, o verbo também deve estar no singular. Se o pronome estiver no plural, o verbo também deverá estar no plural.

Fique por dentro!

Os pronomes **tu** (singular) e **vós** (plural) são usados para indicar a pessoa com quem falamos, porém é mais comum usarmos os pronomes **você** e **vocês**.

6 Leia o texto.

O rato da cidade e o rato do campo

O rato que morava no campo convidou seu amigo da cidade para almoçar. No dia combinado, o rato da cidade partiu saltitante para o campo, sonhando com um banquete. Ao chegar lá, a mesa do almoço já estava servida e sobre ela havia apenas um prato com grãos de lentilha sem sal e outro com raízes amargas.

— Sinta-se à vontade — disse o rato do campo.

— Você está brincando! Eu, um rato acostumado às mais finas iguarias, comer isso?

— Pois é isso que eu como todos os dias — explicou o rato do campo.

— Não é à toa que você é um magricela. Vem morar comigo na cidade e eu lhe garanto que terá a mesa farta de um rei!

[...]

Fábulas de Esopo, de Jean de La Fontaine. Adaptação de Lúcia Tulchinski. São Paulo: Scipione, 2005. Texto adaptado.

- Copie do texto pronomes que você estudou nas páginas anteriores e indique que nome eles estão substituindo.

....

....

....

Ortografia

ã, ãs, ão, ãos; ãe, ães; ões

1 Leia a cantiga.

Capelinha de melão é de São João,
É de cravo é de rosa é de manjericão.
São João está dormindo,
Não acorda, não!
Acordai, acordai, acordai, João!

Cantiga popular.

a) Copie as palavras com til **~**.

....

....

b) Quais das palavras que você copiou podem ser colocadas no plural? De que forma?

....

....

O **til** é um sinal gráfico que indica som nasal.

2 Leia as palavras e coloque til onde for necessário.

chao	corda	coraçao	algodao
nau	anao	opiniao	piloto
maça	massa	poço	poçao
paz	pais	hortela	mae
mamoes	romas	aroma	gelo
pilao	paredao	pessoa	cidadao

a) Marque um **X** na afirmação correta.

( ) O til é usado sobre qualquer vogal.

( ) O til é usado apenas sobre as vogais **a** e **o**.

b) Separe as sílabas das palavras em que você colocou o til.

....

....

....

....

3 Escreva as palavras no plural. Observe os exemplos.

Fique por dentro!

Para formar o plural das palavras terminadas em **-ã** e **-ãe** acrescenta-se **s**.

irmã *irmãs* .... mãe *mães* ....

manhã .... mamãe ....

fã .... rã ....

maçã .... avelã ....

No dia a dia

- Pesquise, em jornais, revistas, gibis, folhetos, propagandas, etc., palavras com as terminações **ã**, **ãs**, **ão**, **ãos**, **ães**, **ões**. Depois, recorte-as e cole-as abaixo.

Palavras terminadas em **-ã**	Palavras terminadas em **-ãs**

Palavras terminadas em **-ão**	Palavras terminadas em **-ãos**

Palavras terminadas em **-ães**	Palavras terminadas em **-ões**

Capítulo 24 Verbo

Leia o poema.

Infinito amor

Vamos
brincar
de
amor?
Eu
te
amo,
tu
me
amas...

— Pra
sempre?
— Por
três
semanas!

A poesia é uma pulga, de Sylvia Orthof. São Paulo: Atual, 2009.

As palavras **brincar**, **amo** e **amas** indicam ações.

> **Verbo** é uma palavra que indica ação.

Os pronomes **eu**, **tu/você**, **ele/ela**, **nós**, **vós/vocês**, **eles/elas** podem aparecer antes dos verbos. A terminação dos verbos muda de acordo com cada pronome. Veja:

"**Eu**
te
amo,
tu
me
amas..."

Atividades

1 Leia este texto.

[...]

E com isso [Leocádio] balançou a cabeça, baixou a arma, pegou o chapéu, farejou uma ou duas vezes e foi embora por detrás dos montes, para longe dos caçadores e para longe dos leões.

Ele andou e andou, e logo podia ouvir lá longe o som de caçadores atirando em leões e leões devorando caçadores.

Ele não sabia direito para onde estava indo, mas sabia que estava indo para algum lugar, porque você sempre tem que ir para algum lugar, não é mesmo?

[...]

Leocádio, o leão que mandava bala, de Shel Silverstein.
Tradução de Antonio Guimarães. São Paulo: Cosac Naify, 2012.

- Circule os verbos do texto que indicam que Leocádio está praticando uma ação.

2 Leia a frase.

O cientista inventou um carro-avião. Ele transita em ruas e rodovias e, com um novo comando, voa a uma altura de mil metros.

a) Circule os verbos da frase e complete a informação.

Esses verbos indicam ....

b) Se fossem dois carros-aviões, como ficariam os verbos? Complete:

Eles .... em ruas e rodovias e, com um novo comando, ... a uma altura de mil metros.

3 Leia o poema.

Devagar, quase parando

Uma descoberta da ciência,
ou quem sabe da demência,
que todo mundo **aderiu**:
ter a paciência do boi.
Caía um prato
e todos, calmos,
diziam: que fooooooi?
Se **chegavam** na fila,
falavam: oooooi.
O mundo **começou** a **ficar** muito lento.
A paciência passiva
transformou todo mundo em jumento.
A boiada de humanos estava sempre **boiando**.
Pra **compensar**, uma nova febre:
extrair a velocidade da lebre.

A moda genética, de Ricardo Silvestrin. São Paulo: Ática, 2009.

a) Marque um **X** na resposta correta.

As palavras destacadas no poema são:

( ) verbos. ( ) substantivos. ( ) adjetivos.

b) Complete com o verbo em sua forma original. Veja o exemplo.

parando → parar

aderiu → .... falavam → ....

caía → .... começou → ....

diziam → .... transformou → ....

chegavam → .... boiando → ....

4 Complete as frases com os verbos do quadro.

estudou	dormem	conversamos	dançaram
nasceu	almoça	nadei	sorriu

a) Juca e eu .... pela internet.

b) O bebê .... com três quilos.

c) A garotinha .... para o fotógrafo.

d) Ela .... bastante para a prova.

e) Vovô e vovó .... cedo.

f) .... de uma ponta até a outra da piscina.

g) As bailarinas .... muito bem no espetáculo.

h) Titia .... sempre ao meio-dia.

5 Todos os dias você faz muitas coisas. Escreva duas ações que você faz em casa, na rua ou na escola em cada dia da semana. Marque um **X** para indicar onde as ações são realizadas.

	Rua	Casa	Escola	
Domingo				Eu .... e ....
Segunda-feira				Eu .... e ....
Terça-feira				Eu .... e ....
Quarta-feira				Eu .... e ....
Quinta-feira				Eu .... e ....
Sexta-feira				Eu .... e ....
Sábado				Eu .... e ....

De olho no dicionário

No dicionário os verbos são encontrados com as formas terminadas em **-ar**, **-er** e **-ir**.

1 Leia estes verbetes retirados de um dicionário.

cantar (**can-tar**) *verbo*

Produzir som musical com a voz: *Eva* ***canta*** *bem. O passarinho* ***canta****.*

divertir (**di-ver-tir**) *verbo*

Brincar, passear ou ter qualquer outra atividade que nos dá alegria, prazer: *Jogar futebol* ***diverte*** *os meninos.*

vender (**ven-der**) *verbo*

1. Trocar por dinheiro: *Marta* ***vendeu*** *sua bicicleta*. 2. Negociar, comerciar com: *Esta loja* ***vende*** *artigos para presente.*

Aurelinho: dicionário infantil ilustrado da língua portuguesa, de Aurélio Buarque de Holanda Ferreira. Curitiba: Positivo, 2014.

- Leia os verbos e circule, em cada linha, qual das formas você pode encontrar como verbete de dicionário.

falei	falarão	falar	falaste
dividir	dividiria	dividiu	dividiremos
escreverei	escrever	escreve	escrevi
brincaram	brinco	brincará	brincar

2 Como devemos procurar os verbos abaixo no dicionário? Confira suas respostas no **Minidicionário**.

a) facilitei: ....

b) rasgou: ....

c) pensarei: ....

d) gastamos: ....

e) sobrevoamos: ....

f) descansaram: ....

No dia a dia

- Observe as fotos e escreva um verbo que representa cada ação retratada. Veja o exemplo.

Liane Neves/Editora Abril

comer

John Wollerth/Shutterstock/Imageplus

Alamy/Other Images

Alamy/Other Images

Alamy/Other Images

Marcos Peron /Folha Imagem/Folhapress

Ortografia

Consoante seguida de r e l

1 Você consegue falar este trava-língua em voz alta, sem errar nem gaguejar? Experimente!

Três pratos de **trigo** para **três tigres tristes.**

Trava-língua popular.

a) Circule as letras que aparecem antes do **r** nas palavras destacadas.

b) Complete: As letras ...., ..., ... formam encontros consonantais quando acompanhadas da letra **r**.

2 Leia as palavras do quadro e escreva-as nas colunas corretas.

brigadeiro	broa	cremoso	dragão
drogaria	africano	fruta	desagrado
gravador	pronto	primeiro	encontro
metrô	palavra	livraria	cravo

br	cr	dr	fr
....	....	....	....
....	....	....	....
gr	**pr**	**tr**	**vr**
....	....	....	....
....	....	....	....

3 Leia a frase e observe as palavras destacadas.

Nosso **plano** era fazer uma boneca de **pano**.

Dave King/Dorling Kindersley/Getty Images

- Agora, escreva o significado destas palavras:

  plano → ....

  pano → ....

4 Troque o **r** de lugar e forme novas palavras. Veja o exemplo.

- perda → pedra
- fervo → ....
- garça → ....
- larva → ....
- quarto → ....
- fiar → ....
- fitar → ....
- botar → ....
- cavar → ....
- pesar → ....
- tombar → ....
- perto → ....

- Agora, escolha um par de palavras e escreva uma frase com elas.

  ....

  ....

5 Siga as setas, junte as sílabas e forme palavras.

a) plás → ti → co

....

b) flo → res → ta

....

c) bi → ci → cle → ta

....

6 Observe as duas cenas. Circule na cena 1 o que falta na cena 2.

1

2

- Escreva o nome dos objetos que você circulou na cena acima.

....

....

....

....

7 Leia as palavras do quadro e escreva-as nas colunas correspondentes.

biblioteca	Glória	neblina	flor
classe	complicado	Atlântico	aflito
flamingo	blusa	claro	planeta
atletismo	clube	Cleide	aplauso
glicose	emblema	globo	atlas

bl	cl	fl	gl	pl	tl
....	....	....	....	....	....
....	....	....	....	....	....
....	....	....	....	....	....
....	....	....	....	....	....

8 O que é, o que é? Junte as sílabas das figuras geométricas iguais, descubra a resposta e escreva na linha ao lado da figura correspondente.

▲ a	◆ flau	■ cla	● A	♥ gla	● tlân
▲ tlas	● ti	■ ra	◆ ta	● co	♥ cê

a) Oceano que banha o Brasil. ● ....

b) Parte branca do ovo. ■ ....

c) Instrumento musical de sopro. ◆ ....

d) Livro de mapas. ▲ ....

e) Cobertura para bolos feita com açúcar. ♥ ....

Capítulo 25

Tempos do verbo: passado, presente, futuro

Observe as imagens e leia as frases.

O verbo sempre concorda com o nome. Nesses casos, os nomes foram substituídos por pronomes, mudando as terminações. Veja:

Eu brinc**o**.	Ela brinc**a**.
Tu brinc**as**.	Nós brinc**amos**.

As terminações dos verbos também se modificam para informar em que tempo as ações se passam. Veja:

Passado	Presente	Futuro
Eu brinqu**ei**. ↓ Indica que algo já aconteceu.	Eu brinc**o**. ↓ Indica que algo está acontecendo ou acontece sempre.	Eu brinc**arei**. ↓ Indica que algo ainda vai acontecer.

Atividades

1 Circule os verbos das frases.

Vera pega a toalha na gaveta.

Pedro arruma os sanduíches na cesta.

Celina escolhe e lava as frutas.

João leva as coisas para o carro.

Está tudo pronto para o piquenique!

a) Os verbos que você circulou estão no tempo:

◯ passado. ◯ presente. ◯ futuro.

b) Escreva os verbos que você circulou no passado e no futuro. Veja o exemplo.

Passado	Futuro
pegou	pegará

c) Agora, escolha uma das frases e passe-a para o passado.

....

d) Escolha uma das frases e passe-a para o futuro.

....

2 Escreva um nome ou pronome para completar as frases.

Fique por dentro!

A terminação do verbo deve combinar com o nome ou pronome.

a) .... se apresentou no circo.

b) .... viajaram ontem, depois das aulas.

c) Nós gostamos muito de ouvir essa canção.
E ...., também gostam?

3 Complete as frases com o verbo **estudar** no tempo futuro.

a) No próximo ano, eu .... francês.

b) No próximo ano, nós .... italiano.

c) No próximo ano, ela .... japonês.

d) No próximo ano, você .... chinês.

e) No próximo ano, ele .... espanhol.

f) No próximo ano, vocês .... inglês.

4 Complete as frases com o verbo **andar** no tempo presente e no tempo passado.

a) Hoje eu .... devagar, mas ontem .... rápido.

b) Hoje vocês .... devagar, mas ontem .... rápido.

c) Hoje ela .... devagar, mas ontem .... rápido.

d) Hoje nós .... devagar, mas ontem .... rápido.

5 Leia o texto.

Os inuítes, como os esquimós se **autodenominam**, **vivem** perto do Polo Norte. A temperatura externa **pode** atingir –40 °C. Quando **saem** para caçar na banquisa, os inuítes **constroem** um iglu. **Cortam** grandes blocos de gelo e **dispõem** uns sobre os outros em uma base circular. Sua forma arredondada **desvia** os ventos gelados.

Alexander/SPL/Latinstock

O truque de Cúri: as casas do mundo: uma história e mil informações, de Claire Ubac. Tradução de Krieger Saulo. São Paulo: Scipione, 2002.

a) Em que tempo estão os verbos destacados? Marque um **X** na informação correta.

( ) passado. ( ) presente. ( ) futuro.

b) Ligue os verbos ao seu tempo.

autodenominaremos
saiu
cortaram
desviarei
viverá
construíram
poderás
dispôs

passado

futuro

6 No caderno, escreva um texto contando o que você espera fazer nas próximas férias. Use verbos no futuro. Ilustre seu texto com desenhos ou recortes de figuras.

No dia a dia

No seu dia a dia, você costuma dar uma olhada nas notícias dos jornais, nas matérias de revistas, nas histórias dos gibis e em outros textos?

Então procure, nesses materiais, verbos no presente, no passado e no futuro. Recorte-os e cole-os abaixo.

Presente	Passado

Futuro

Ortografia

ão, am em final de sílaba

1 Leia o balão de fala da professora e observe as palavras destacadas.

a) Copie os verbos destacados.

....

b) Qual é a diferença entre eles na escrita?

....

c) Em que tempo estão esses verbos?

....

....

d) Complete corretamente as informações.

A terminação .... aparece em verbos no tempo passado.

A terminação .... aparece em verbos no tempo futuro.

2 Complete as frases conforme as indicações entre parênteses.

a) Os novos alunos .... no horário. (chegar/passado)

b) Os professores .... as provas em casa. (corrigir/futuro)

c) Os bancos da cidade .... mais cedo hoje. (fechar/passado)

d) Amanhã os funcionários .... até mais tarde. (trabalhar/futuro)

e) Ontem os meninos .... algumas piadas; amanhã as meninas .... (contar/passado/futuro)

3 Leia o texto e complete com os verbos do quadro.

marcava	empurrava	inventaram
eram	balançava	fazia

Fique por dentro!
Os verbos estão no passado.

No final da Idade Média, os monges .... os primeiros relógios com marcação de horas, minutos e segundos. Um peso .... e .... regularmente um pequeno dente que .... girar uma roda, que, por sua vez, acionava outra roda... Cada uma delas acionava um ponteiro: o grande .... os minutos e o pequeno, as horas. Ainda não .... muito precisos.

O metrônomo mágico: uma história e mil informações, de Christian Grenier. Tradução de Monica Stahel. São Paulo: Scipione, 2008.

4 Descubra no diagrama oito verbos no passado ou no futuro e circule-os.

P	A	A	L	M	O	Ç	A	R	A	M	J	M	C
A	E	R	E	P	I	L	O	N	U	R	B	O	O
R	M	O	S	T	R	A	R	Ã	O	F	D	L	R
T	A	E	A	E	C	V	L	L	H	O	S	H	R
I	R	I	T	C	O	A	U	R	E	C	E	A	E
R	A	U	C	A	I	R	Ã	O	T	I	H	R	R
Ã	M	B	N	A	Ã	A	T	F	D	H	O	A	Ã
O	U	A	R	R	U	M	A	R	Ã	O	B	M	O

- Agora, escreva-os.

Verbos no passado: ....

....

Verbos no futuro: ....

....

De olho no dicionário

1 Leia o texto.

Etimologia: estudo da origem das palavras

Estudar a origem das palavras pode ser muito divertido, pois muitas delas têm histórias bem interessantes. Quer um exemplo? É o caso da palavra **músculo**. Essa palavra vem do latim *musculus*, que significa ratinho. Isso mesmo — ratinho. Observando o movimento dos músculos, principalmente dos braços e das pernas, os antigos romanos achavam que eles pareciam ratinhos se mexendo por baixo da pele.

Navegando pela língua portuguesa, de Douglas Tufano. São Paulo: Moderna, 2007.

- No dicionário, em qual forma encontramos os verbos do texto?

pode: .... têm: ....

quer: .... vem: ....

significa: .... observando: ....

achavam: .... pareciam: ....

mexendo: ....

2 Encontre o verbo **reclamar** no **Minidicionário** e escreva uma frase com ele no passado.

....

....

3 Encontre o verbo **vender** no **Minidicionário** e escreva uma frase com ele no futuro.

....

....

Capítulo 26 Verbo: fenômenos da natureza

Veja a previsão do tempo.

Chover e **trovejando** indicam acontecimentos produzidos pela natureza. São, portanto, fenômenos da natureza.

As palavras que indicam fenômenos da natureza são chamadas de **verbo**.

Atividades

1 Escreva o verbo que expressa os fenômenos da natureza representados a seguir. Consulte o quadro.

ventando	amanhecendo	nevando	chovendo

Raimund Linke/Getty Images

....

Anne Maenurm/PhotoFVG/Corbis/Latinstock

....

ChinaFotoPress/ChinaFotoPress via Getty Images

....

Enrico Ladusch/EyeEm/Getty Images

....

2 Complete cada frase com um dos verbos do quadro.

trovejou	anoitece	esfrie	choveu

a) Assim que ...., eu janto e vou dar uma volta no calçadão da praia.

b) .... forte esta noite, por isso a rua estava alagada.

c) Na hora em que saía de casa .... e eu me assustei com o forte estrondo.

d) Levaremos um agasalho, caso .... muito à noite.

3 Escreva uma frase com:

a) um ou mais verbos de ação;

....

....

....

....

....

....

b) um ou mais verbos que indicam fenômenos da natureza.

....

....

....

....

....

....

4 Marque um **X** na classificação correta dos verbos destacados. Veja o exemplo.

frases	Verbos que indicam	
	ação	fenômenos da natureza
Nevou em Paris.		X
Lerei um livro nas próximas férias.		
Marta **canta** muito bem!		
Esta noite **geou** no Sul.		
Se **ventasse** mais forte, os telhados teriam sido arrancados.		

5 Leia as quadrinhas em voz alta.

Amanheceu, acordei.
Queria passear.
Olhei pela janela,
Chovia sem parar!

Anoiteceu, dormi.
Queria sonhar.
Ventava, trovejava,
Tremia sem parar!

- Circule no texto os verbos que indicam fenômenos da natureza. Depois, copie-os e escreva a forma como são encontrados no dicionário. Veja o exemplo.

amanheceu .... amanhecer ....

....

....

....

....

Ortografia

e, ei; o, ou

1 Leia a informação e complete as palavras destacadas seguindo o código.

● → e   ♥ → ei

A pele protege o corpo

A pel.........● imped.........● que a suj.........♥ra e os micróbios penetrem no corpo. Sua part.........● sup.........●rior é, na verdad.........●, composta por células muito juntinhas que formam uma barr.........♥ra entre o exterior e o int.........●rior do corpo. A pele permit.........● também manter o corpo na temperatura ideal: quando temos febr.........● ou faz calor, a pele transpira. O suor leva o calor com el.........●.

Biblioteca Larousse corpo humano: como é feito, como funciona, e cuidados com a saúde. Tradução de Adriana Carvalho. São Paulo: Larousse do Brasil, 2005.

2 Ordene as sílabas e escreva as palavras formadas.

tei	in	ro

....

te	in	ri	or

....

rei	a	a

....

rea	á

....

- Agora, complete as frases com as palavras que você escreveu.

a) Marcos pegou .... da praia para fazer um castelo em uma .... do quintal de sua casa.

b) Bruno deixou cair um pacote .... de biscoitos no .... de um buraco na calçada.

3 Leia o poema.

Uma soneca

Numa soneca de verão
o passarinho ali **cantou.**
E o **canto** ficou pendurado
na rama do pé de limão.

Laura Devetach. In: **Poemas com Sol e sons: poesia latino-americana para meninas e meninos**. São Paulo: Melhoramentos, 2000.

- Leia em voz alta as palavras destacadas e complete as frases.

A palavra ...., do verbo **cantar**, está no tempo passado.

A palavra .... no poema é um substantivo.

4 As palavras do quadro abaixo terminam em **o** ou **ou**. Escreva-as nos espaços adequados para completar as frases.

anunciou	anúncio	contou	conto

a) Tamires .... um .... de fadas para sua irmãzinha.

b) O repórter .... na televisão a venda de uma grande loja de roupas. O .... também saiu no jornal.

- Agora, marque um **X** na resposta certa.

As palavras terminadas em **ou** que você utilizou para completar as frases são verbos no tempo:

( ) presente. ( ) futuro. ( ) passado.

5 Escreva **o** ou **ou** para completar as palavras.

tes.........ra	esc.........va	d.........tor	d.........rado
est.........jo	ceb.........la	cen.........ra	r.........pa

Capítulo 27

Plural das palavras terminadas em m

Observe a cena.

um bombo**m**

dois bombo**ns**

Leia estes pares de palavras no singular e no plural.

Singular	Plural
bombom	bombons
nuvem	nuvens
homem	homens
pudim	pudins
algum	alguns

Como você notou, as palavras no singular que terminam em **m** são escritas no plural com **ns**.

Fique por dentro!

Para formar o plural das palavras terminadas em **m** troca-se **m** por **ns**.

Atividades

1 Complete o quadro com as formas que faltam.

Singular	Plural
passagem	....
....	garçons
folhetim	....
trem	....
....	boletins
cupom	....
....	imagens
batom	....

2 Escolha uma das palavras entre parênteses para completar as frases.

a) João e Carla já fizeram as malas para a .... ao México. (viagem/viagens)

b) O médico que cuida dos .... é o nefrologista. (rim/rins)

c) Os antigos .... desta cidade foram desativados. (armazém/armazéns)

d) Simone comeu um pedaço do .... que sua mãe preparou. (pudim/pudins)

e) Na .... do prédio onde mora Rafael há duas vagas por apartamento. (garagem/garagens)

3 Passe as palavras a seguir para o plural e separe as sílabas das novas palavras. Veja o exemplo.

mensagem →	mensagens	men-sa-gens
alecrim →		
viagem →		
homem →		
origem →		
homenagem →		

4 Complete a cruzadinha com o plural das palavras do quadro.

patim	selvagem
quindim	som
comum	linguagem
jasmim	jovem
atum	aprendizagem

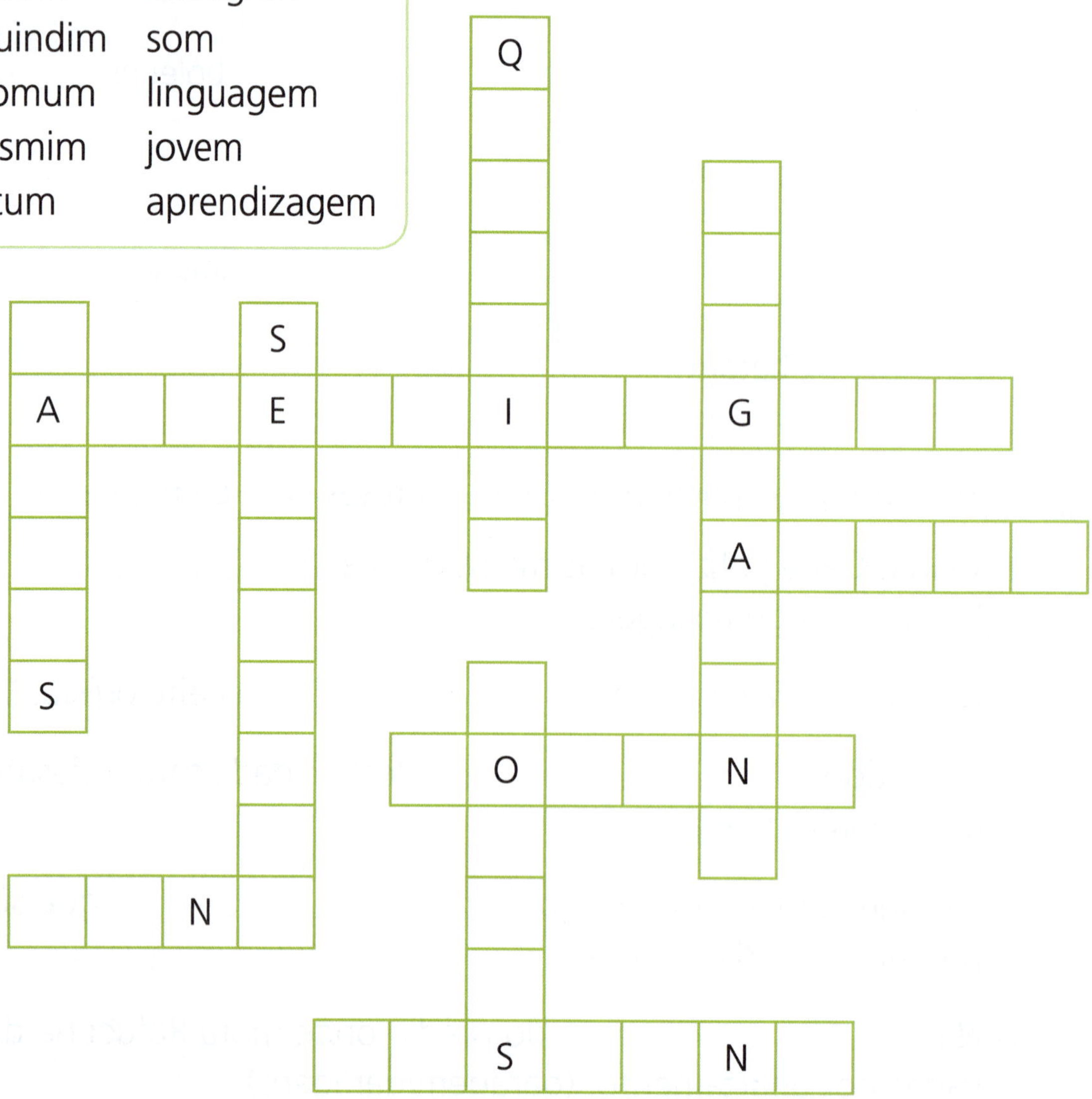

5 Complete a legenda das fotos com o plural das palavras do quadro.

personagem	jardim	nuvem	margem

1000 Words/Shutterstock

mukura/Shutterstock

.... floridos e bem cuidados deixam a paisagem mais bonita.

De dentro do avião podemos ver de perto as .... no céu.

Claudio Cassiano/BA Press/Futura Press

EURASIA PRESS/Photononstop/Latinstock

As .... de muitos rios brasileiros estão cheias de lixo, o que prejudica a passagem da água.

Os .... da Disney são famosos em todo o mundo.

Ortografia

ns depois de vogal: ans, ens, ins, ons, uns

1 Leia a lista de palavras a seguir. Em todas elas há som nasal. Circule a sílaba em que isso ocorre.

transformou	transporte	parabéns
instável	construí	patins
folhagens	inspecionar	alguns

- Escolha, entre as palavras da lista, as que completam as frases.

a) O tempo estava .... De repente, a cidade se .... As .... das árvores, foram carregadas pela forte tempestade.

b) Assim que eu expliquei como .... a maquete, ... professores e amigos me deram os ....

c) Fomos de .... até o parque.

d) Os fiscais foram .... a nova estrada, feita para o .... de produtos agrícolas.

2 Escreva o plural das palavras.

um pudim → ....

um bombom → ....

um amendoim → ....

um jardim → ....

3 Junte as sílabas para formar palavras escritas com **ns**. **Dica**: vale repetir as sílabas.

trans	ins	cons	tru	ren	ra	men	te
pe	la	pi	pa	tor	ção	to	ta

Fique por dentro!

O **til** (~) e as consoantes **m** e **n** após vogal indicam **som nasal**.

4 Copie as palavras do quadro, separando-as em sílabas. Depois, circule as sílabas que têm som nasal.

sombra	mentira	competição	framboesa
anão	pensamento	instrumento	maçã
constante	bobagens	viagens	consentimento

Capítulo 28

Sujeito e predicado

Leia o texto.

Vovó Neném vivia numa casinha muito clarinha, cercada de flores e de passarinhos.

Ela sabia fazer as melhores balas do mundo, daquelas branquinhas que se desmancham na boca... [...]

A cinderela das bonecas, de Ruth Rocha. São Paulo: FTD, 2004.

Observe:

Quem vivia numa casinha? **Vovó Neném**.

Quem sabia fazer as melhores balas do mundo? **Vovó Neném**.

Veja esta frase. Ela está organizada em duas partes.

Vovó | vivia numa casinha muito clarinha.

parte 1 | parte 2

Parte 1 → Quem vivia numa casinha muito clarinha? **Vovó**.

Parte 2 → O que se fala sobre essa pessoa? **Que vivia numa casinha muito clarinha.**

Assim:

Vovó | vivia numa casinha muito clarinha.

sujeito | predicado

Sujeito é o ser sobre quem se fala.
Predicado é o que se fala sobre o sujeito.

Atividades

1 Leia as frases.

(1) Júlio brincou com seu primo.

(2) Os irmãos saíram de boné.

(3) A cozinheira fez o bolo do casamento.

(4) Renata, Luís e André prepararam a festa.

(5) O cachorro latiu alto.

- Agora, complete este quadro.

Frase	Ação	Quem fez?	O que fez?
1	....	....	....
2	....	....	....
3	....	....	....
4	....	....	....
5	....	....	....

2 Circule o sujeito das orações.

a) O avião pousou no aeroporto internacional.

b) Todas as crianças precisam de carinho.

c) O beija-flor beijou a flor e partiu.

d) A Lua nasceu atrás do monte.

e) Nós fomos até a padaria a pé.

3 Separe o sujeito e o predicado das orações e escreva-os no quadro abaixo:

a) Luísa leu uma história em quadrinhos.

b) Eu coloquei na mochila meus cadernos novos.

c) Talita e João participarão do torneio de xadrez.

d) Os alunos tiveram aula de Informática hoje.

e) A Terra é um planeta do Sistema Solar.

> O verbo sempre faz parte do predicado.

Sujeito (sobre quem se fala)	Predicado (o que se fala)
....	....
....	....
....	....
....	....
....	....

4 O que se fala do sujeito? Observe as figuras e escreva um predicado para cada frase.

Os meninos ....

....

....

O cachorro ....

....

....

5 Junte as fichas com sujeito às fichas com predicado e forme frases.

pintou um lindo quadro. | A vendedora | O artista

plantaram uma árvore. | apagou com o vento.

Os voluntários | atendeu bem o cliente. | A vela

- Agora, escreva as frases formadas embaixo das figuras correspondentes.

6 Escreva um sujeito para completar cada frase.

a) .... comi um pedaço delicioso de torta de morango.

b) .... distribuirá os livros entre as crianças.

c) .... é um meio de comunicação.

Ortografia

gue, gui; gua, guo

1 Leia os quadrinhos.

- Escreva as palavras destacadas no diálogo conforme a indicação das colunas.

Palavras com **gue**	Palavras com **gui**

2 Leia as palavras em voz alta e circule a palavra intrusa em cada grupo.

guerra foguete geladeira dengue açougue	ginástica águia preguiça guirlanda guidão

3 Leia o poema.

O guarda-chuva do guarda

O guarda
guarda
o guarda-chuva
no guarda-roupa.
O guarda
da minha rua
é anjo da guarda
e me guarda.
O guarda de guarda-chuva
aguarda a chuva chover.
Chove chuva,
no guarda-chuva
do guarda.

O guarda-chuva do guarda, de Bartolomeu Campos de Queirós. São Paulo: Moderna, 2004.

- Agora, observe as figuras e copie do poema os versos referentes a cada uma delas.

....

....

4 Complete as palavras com **gue** ou **gui**.

a) Li..........i para sua casa ontem.

b) Seu ami..........nho se..........u o conselho dos pais.

c) A á..........a perse.......... pequenos animais para caçá-los.

d) Vamos jogar pin..........-pon..........?

5 Complete as palavras com **gua** ou **ga**.

a) Prefiro tomar á.......... a beber uma lata de ....raná.

b) Tracei uma linha reta com a ré..........

c) Apa.......... a luz e a..........rda quietinho que o sono chega.

d) A fêmea do ....lo é a ....linha.

e) Conheço os al..........rismos arábicos e os al..........rismos romanos.

6 Agrupe os substantivos nas colunas adequadas.

égua	formigueiro	aguou	jaguatirica	preguiçoso
preguinho	guindaste	mangueira	linguagem	língua

Vogais e ou i depois de **gu**	Vogais a ou *o* depois de **gu**
....	....
....	....
....	....
....	....
....	....

- Agora, assinale a informação correta.

  ( ) No grupo **gu**, a vogal **u** seguida de **e** ou **i** é pronunciada.

  ( ) No grupo **gu**, a vogal **u** seguida de **a** ou **o** é pronunciada.

7 Observe as figuras e preencha a cruzadinha com o nome delas. **Dica**: as palavras têm **gua**, **gue** ou **gui**.

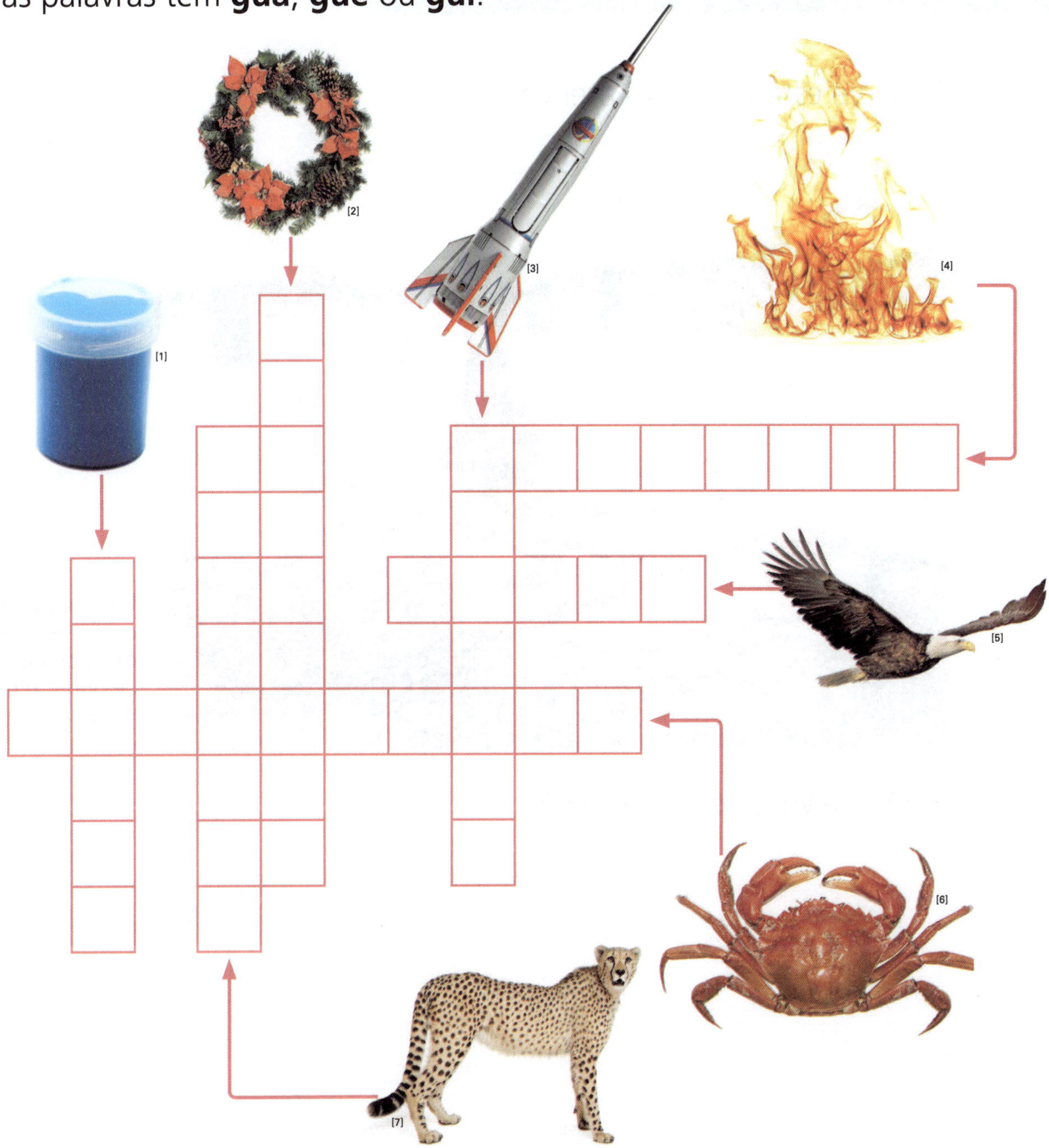

Imagens: [1] ACherst/Shutterstock; [2] Sean Locke Photography/Shutterstock; [3] David Arky/Getty Images; [4] Valeev/Shutterstock; [5] FloridaStock/Shutterstock; [6] Volodymyr Krasyuk/Shutterstock; [7] Eric Isselee/Shutterstock.

8 Faça como no exemplo.

prego → preguinho

formiga → ....

figa → ....

colega → ....

morango → ....

lago → ....

tartaruga → ....

Ideias em ação

Observe esta foto com atenção.

Camila Gauditano/Studio R

Mulher xavante confeccionando cesto de palha de buriti. Aldeia Wederã, em Mato Grosso.

a) O que você vê nesta foto?

b) Qual é o nome da aldeia em que foi tirada essa foto e em qual estado ela fica?

c) Leia novamente a legenda da foto:

Mulher xavante confeccionando cesto de palha de buriti. Aldeia Wederã, em Mato Grosso.

- Pinte um adjetivo na legenda.

d) Leia o trecho abaixo.

A mulher xavante ensina a criança a fazer cesto de palha de buriti. A mulher confecciona esses cestos para vender.

- Reescreva a frase substituindo o substantivo **mulher** da segunda frase por um pronome.

- Quais verbos indicam a ação que a mulher pratica?

e) Crie uma frase para a foto. Em sua frase deve haver pelo menos um adjetivo.

Livros

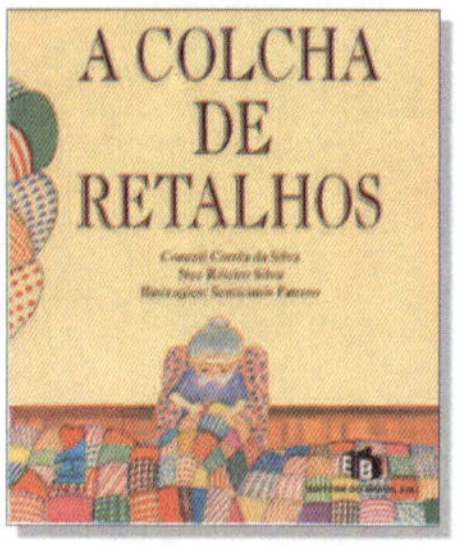

Reprodução/Editora do Brasil

A colcha de retalhos, de Conceil Corrêa da Silva e Nye Ribeiro Silva, Editora do Brasil.

Ao fazer os retalhos de uma colcha, Felipe também recorta e costura recordações. Resgatando o passado, ele conhece o sentido da saudade e da memória que faz parte da construção de cada um.

Reprodução/Editora Ática

A escolinha da Serafina, de Cristina Porto, Ática.

Serafina e seus amigos resolvem ensinar os adultos a ler e a escrever, pois querem acabar com o analfabetismo em seu bairro. Para completar a missão, dão aulas de reforço escolar para as crianças.

Reprodução/Companhia das Letrinhas

A estranha Madame Mizu, de Thierry Lenain, Companhia das Letrinhas.

Zoé tem um medo danado de sua vizinha, ainda mais quando seus pais saem e ela fica sozinha em casa. Mas Zoé também tem muita coragem e sabe que, um dia, esse pesadelo tem que acabar...

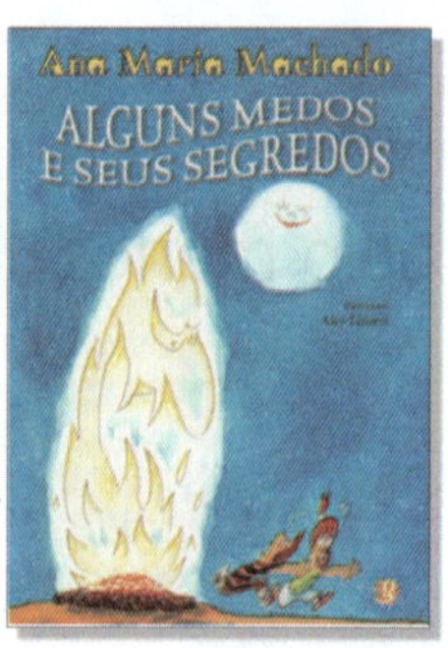

Reprodução/Editora Global

Alguns medos e seus segredos, de Ana Maria Machado, Global.

Quem tem medo de lagartixa? E de bicho-papão e lobo mau? Nesse livro você encontra três histórias que contam várias formas de enfrentar os medos e as inseguranças.

Reprodução/Editora Melhoramentos

Flicts, de Ziraldo, Melhoramentos.

Todo mundo quer ter um amigo, alguém para dividir os momentos, brincar e se divertir. Mas e quando não tem ninguém como você? E quando você parece que é diferente de todo mundo? Foi isso o que aconteceu com a cor Flicts. Como será que nós poderíamos ajudá-la?

Lá vem história, de Heloisa Prieto, Companhia das Letrinhas.

Você já ouviu falar no Macunaíma? E na Scherazade? Se você respondeu não a uma dessas perguntas, já é hora de entrar no mundo maravilhoso desse livro, que contém histórias de várias partes do mundo, com valentes samurais, ursos que viram estrela, imensos homens-gatos e muito mais!

O mágico de Oz, de L. Frank Baum, Scipione.

Dorothy e o cão Totó são arrastados por um ciclone a uma terra desconhecida. Para voltar para casa, a menina precisa encontrar o mágico de Oz. Somente ele poderá ajudá-la. Para encontrar esse mágico, Dorothy percorre um longo caminho. Nessa aventura ela e seus novos amigos Espantalho, Leão Covarde e Homem de lata enfrentam bruxas malvadas e são ajudados por macacos alados, pelos Winkies e por uma bruxa boa.

Pedro e o Lobo, de Heloisa Prieto, Ática.

Pedro tem um grande desejo, brincar com seus amigos animais na floresta tão cheia de aventura e natureza. De manhãzinha, com seu avô ainda dormindo, Pedro sai pé ante pé em direção à floresta proibida, onde o lobo ronda faminto à procura de comida...

Sopa de letrinhas, de Teresa Noronha, Moderna.

Xande ainda não entende muito bem como são escritas as palavras: se com **x** ou **ch**, se com **ss** ou **c**... Um dia ele resolve tomar uma sopa de letrinhas, e o resultado é impressionante! Até o irmão de Xande fica espantado com o que acontece com o menino.

Viva eu, viva tu, viva o rabo do tatu!, de Lenice Gomes, Cortez.

Nesse livro a autora brinca com parlendas, que, uma a uma, vão costurando os próprios poemas. É uma viagem divertida e poética pelas rimadas e ritmadas parlendas.

Bibliografia

ADAMS, M. J. et al. *Consciência fonológica em crianças pequenas.* Porto Alegre: Artmed, 2006.

ANTUNES, I. *Gramática contextualizada:* limpando "o pó das ideias simples". São Paulo: Parábola Editorial, 2007.

_________. *Muito além da gramática:* por um ensino de línguas sem pedras no caminho. São Paulo: Parábola Editorial, 2007.

AZEREDO, J. C. de. *Gramática Houaiss da língua portuguesa.* São Paulo: Publifolha, 2014.

BAGNO, M. *Gramática pedagógica do português brasileiro.* São Paulo: Parábola Editorial, 2012.

BECHARA, E. *Moderna gramática portuguesa.* Rio de Janeiro: Nova Fronteira, 2009.

BELINTANE, C. *Oralidade e alfabetização:* uma nova abordagem da alfabetização e do letramento. São Paulo: Cortez, 2013.

CAGLIARI, L. C. *Alfabetização & linguística.* São Paulo: Scipione, 2009. (Pensamento e ação na sala de aula).

CAMARA JÚNIOR, J. M. *Dicionário de linguística e gramática:* referente à língua portuguesa. Petrópolis: Vozes, 2009.

_________. *Manual de expressão oral e escrita.* Petrópolis: Vozes, 2012.

CEGALLA, D. P. *Dicionário de dificuldades da língua portuguesa.* Rio de Janeiro: Lexikon, 2009.

CUNHA, C.; CINTRA, L. F. L. *Nova gramática do português contemporâneo.* Rio de Janeiro: Nova Fronteira, 2013.

INSTITUTO ANTÔNIO HOUAISS; AZEREDO, J. C. (Coord.). *Escrevendo pela nova ortografia:* como usar as regras do novo acordo ortográfico da língua portuguesa. São Paulo: Publifolha, 2013.

LUFT, C. P. *Novo Guia Ortográfico.* São Paulo: Globo, 2013.

MICOTTI, M. C. de O. (Org.). *Leitura e escrita:* como aprender com êxito por meio da pedagogia de projetos. São Paulo: Contexto, 2009.

MORAIS, A. G. *Sistema de escrita alfabética.* São Paulo: Melhoramentos, 2012. (Como eu ensino).

NÓBREGA, M. J. *Ortografia.* São Paulo: Melhoramentos, 2013. (Como eu ensino).

PERINI, M. A. *Para uma nova gramática do português.* São Paulo: Ática, 2007.

SAVIOLI, F. P.; FIORIN, J. L. *Para entender o texto:* leitura e redação. São Paulo: Ática, 2007.

TRAVAGLIA, L. C. *Na trilha da gramática:* conhecimento linguístico na alfabetização e letramento. São Paulo: Cortez, 2013.

ZABALA, A.; ARNAU, L. *Como aprender e ensinar competências.* Porto Alegre: Artmed, 2010.

Material de apoio

3º ANO

Minidicionário

Waldemar Ferreira Netto

Lyudmyla Kharlamova/Shutterstock

Aluno: ....

Escola: ....

editora scipione

Como usar este dicionário

Veja, a seguir, como organizamos este **Minidicionário** para você encontrar mais facilmente as palavras que procura.

- **Ordem alfabética**

Todas as palavras são apresentadas em ordem alfabética.

- **Palavras-base**

No alto de cada página, há duas palavras: a que está à esquerda é a primeira palavra daquela página. A da direita é a última.

- **Verbetes**

São as palavras explicadas neste **Minidicionário**, acompanhadas de algumas informações sobre elas: a divisão silábica, a categoria gramatical, sua definição e, em muitos casos, exemplos de uso. As palavras de origem estrangeira vêm acompanhadas de sua pronúncia. Os verbetes estão em vermelho, para facilitar sua localização.

- **Divisão silábica**

Logo depois de cada palavra, é apresentada, entre parênteses, sua divisão em sílabas (com exceção das palavras de origem estrangeira).

- **Categoria gramatical**

A palavra é um substantivo? Um adjetivo? Um verbo? Uma abreviatura? Você vai encontrar essa informação logo após a divisão silábica, em *itálico* e também entre parênteses.

- **Definição**

Depois da categoria gramatical, você encontrará a definição da palavra, isto é, a explicação do seu significado. Às vezes, uma palavra tem mais de um significado. Nesse caso, um número aparece antes de cada um deles.

- **Exemplos de uso**

Na maioria dos casos, após a definição, você vai encontrar uma frase em *itálico* que mostra um exemplo de uso daquela palavra, destacada em **negrito**. Quando a palavra tem mais de um significado, pode haver mais de um exemplo de uso.

- **Ilustrações**

As ilustrações coloridas do **Minidicionário** ajudarão você a compreender o significado de algumas palavras.

A a

ABASTECER (A-BAS-TE-CER) *(verbo)*

Fornecer alimentos, materiais ou outros produtos necessários. *O homem está levando as frutas para **abastecer** o mercado.*

ABASTECIMENTO (A-BAS-TE-CI-MEN-TO) *(substantivo)*

Ação de abastecer. *O **abastecimento** de água voltou ao normal.*

ABÓBORA (A-BÓ-BO-RA) *(substantivo)*

1. Fruto da aboboreira. Tem casca grossa, forma redonda ou alongada e o interior de cor laranja. É usada em pratos salgados ou doces. É o mesmo que jerimum. *Gosto muito de doce de **abóbora**.*

2. Cor da abóbora. *A garota vestia uma blusa **abóbora**.*

AÇAÍ (A-ÇA-Í) *(substantivo)*

Fruto do açaizeiro, de cor roxa escura. Normalmente é usado para fazer suco ou sorvete e pode ser comido com cereais ou farinha. *Sorvete de **açaí** é muito bom e nutritivo.*

AÇAIZEIRO (A-ÇAI-ZEI-RO) *(substantivo)*

Tipo de palmeira que produz o fruto do açaí. *O **açaizeiro** é natural da Amazônia.*

AÇOUGUE (A-ÇOU-GUE) *(substantivo)*

Local onde são vendidos diversos tipos de carne. *Mamãe me pediu para comprar frango no **açougue**.*

AÇUDE (A-ÇU-DE) *(substantivo)*

Espécie de poço enorme, feito para represar a água usada na agricultura, no abastecimento da população ou ainda para gerar luz elétrica.

ADMIRAR (AD-MI-RAR) *(verbo)*

1. Olhar uma coisa ou pessoa com espanto, encantamento. *Todos ficaram **admirando** o quadro.*
2. Gostar bastante de uma característica ou ação de alguém. *A professora **admira** a educação dos alunos.*

ÁLBUM (ÁL-BUM) *(substantivo)*

Caderno ou livro usado para a colagem de fotos, selos ou outros itens. *Acabei de preencher meu **álbum** de figurinhas.*

ALFABETO (AL-FA-BE-TO) *(substantivo)*

Conjunto de sinais de uma língua, usado para escrever e ler. Também é chamado de abecedário ou abecê. *Nosso **alfabeto** tem 26 letras.*

ANFÍBIO (AN-FÍ-BIO) *(substantivo)*

Animal que vive tanto na água como na terra. São exemplos as rãs, os sapos e as salamandras.

ANIMAL (A-NI-MAL) *(substantivo)*

1. Todo ser vivo que se locomove e é capaz de ter sensações.
2. Pessoa muito má, desumana.

AQUARELA (A-QUA-RE-LA) *(substantivo)*

1. Tinta em forma de massa, solúvel em água.
2. Tipo de pintura feito com essa tinta. *A técnica usada para ilustrar o livro foi **aquarela**.*

ARQUIPÉLAGO (AR-QUI-PÉ-LA-GO) *(substantivo)*

Conjunto de ilhas próximas, localizadas em uma região do oceano.

ATENÇÃO[1] (A-TEN-ÇÃO) *(substantivo)*

1. Ação de concentrar o pensamento em algo.
2. Atitude de boa vontade em relação a alguém.

ATENÇÃO[2] (A-TEN-ÇÃO) *(interjeição)*

Expressão usada para indicar cuidado. ***Atenção**! As ruas estão alagadas.*

ATLAS (A-TLAS) *(substantivo)*

Coleção de mapas organizados em livro.

AUDIÇÃO (AU-DI-ÇÃO) *(substantivo)*

Capacidade de ouvir os sons. É um dos nossos cinco sentidos. *O órgão da **audição** é a orelha.*

AUTOMÓVEL (AU-TO-MÓ-VEL) *(substantivo)*

Qualquer veículo, movido a motor, para carregar passageiros ou carga. *Crianças devem viajar sempre no banco traseiro do **automóvel**.*

AVIÃO (A-VI-ÃO) *(substantivo)*

Veículo, em geral com vários motores, que voa sustentado por asas.

AZEDO (A-ZE-DO) *(adjetivo)*

1. Que tem sabor ácido, parecido com o do limão.
2. Que está estragado.
3. Mal-humorado, irritado. *Sérgio está **azedo** hoje.*

B b

BAGUNÇA (BA-GUN-ÇA) *(substantivo)*

1. Falta de ordem. *Fábio, arrume a* ***bagunça*** *do seu quarto: todos os brinquedos estão fora de lugar!*
2. Baderna, confusão. *No fim do jogo de futebol os torcedores tentaram invadir o campo: formou-se uma* ***bagunça****.*

BAIÃO (BAI-ÃO) *(substantivo)*

Tipo de dança e canto popular, acompanhado de vários instrumentos, como viola, acordeão, zabumba e outros. É de origem nordestina.

BALDEAÇÃO (BAL-DE-A-ÇÃO) *(substantivo)*

Transferência de pessoas ou cargas de um transporte para outro, como em estações do metrô. *Para ir até a zona sul de metrô é preciso fazer* ***baldeação*** *no centro.*

BALSA (BAL-SA) *(substantivo)*

Embarcação grande e plana. É usada para fazer a travessia de passageiros e cargas em rios ou no mar.

BARRACA (BAR-RA-CA) *(substantivo)*

1. Tenda para acampar.
2. Armação usada em feiras.

BAÚ (BA-Ú) *(substantivo)*

Caixa em geral em forma de retângulo, grande e de madeira, com tampa. Serve para guardar e transportar diversos objetos.

BIBLIOTECA (BI-BLI-O-TE-CA) *(substantivo)*

1. Coleção de livros.
2. Lugar onde há coleções de livros organizadas para consulta. *Naquela* ***biblioteca*** *podemos pegar livros emprestados.*

BOLETIM (BO-LE-TIM) *(substantivo)*

Folha de papel ou caderneta que contém a relação das notas de cada matéria de um estudante.

BOSQUE (BOS-QUE) *(substantivo)*

Pequeno conjunto de árvores próximas umas das outras.

BOTÃO (BO-TÃO) *(substantivo)*

Peça costurada em certas partes de uma roupa. É unido a uma casa ou abertura do tecido para fechar a roupa. *Falta um **botão** na camisa de meu pai.*

BRASÃO (BRA-SÃO) *(substantivo)*

Peça com símbolos de uma família tradicional, de uma cidade, um país, etc.

*O **brasão** da República é um dos símbolos do Brasil.*

BRINCALHÃO (BRIN-CA-LHÃO) *(adjetivo)*

Aquele que sempre faz brincadeiras, que gosta de se divertir e divertir os outros.

C c

CABEÇA (CA-BE-ÇA) *(substantivo)*

1. Parte do corpo em cima do pescoço. Nela estão o crânio e a face.
2. Parte do corpo usada para pensar. Nesse caso, tem o mesmo sentido de *cérebro*. *Ele usou a **cabeça** para tomar a melhor decisão.*

CACHORRO (CA-CHOR-RO) *(substantivo)*

Mamífero de quatro patas, em geral criado como animal de estimação. Outro nome dado ao cachorro é *cão*. *A fêmea do **cachorro** é a cachorra, ou cadela.*

CAÇULA (CA-ÇU-LA) *(adjetivo e substantivo)*

O mais novo dos irmãos ou o filho mais jovem.

CAFÉ (CA-FÉ) *(substantivo)*

1. Fruto do cafeeiro. As sementes desse fruto, depois de torradas e moídas, formam o pó de café.
2. Bebida feita com o pó de café. *Minha mãe gosta de beber **café**.*

CANTINA (CAN-TI-NA) *(substantivo)*

1. Local, normalmente pequeno, onde se vendem lanches e bebidas. Geralmente, há cantinas em escolas, quartéis, hospitais, etc.
2. Restaurante simples que serve comida italiana.

CARDUME (CAR-DU-ME) *(substantivo)*

Grande quantidade de peixes da mesma espécie. *As sardinhas nadam em **cardumes**.*

CARNAVAL (CAR-NA-VAL) *(substantivo)*

Grande festa popular em que os participantes dançam fantasiados em blocos de rua, salões ou grupos numerosos, como as escolas de samba. Acontece nos três dias antes da Quarta-feira de Cinzas.

CARNEIRO (CAR-NEI-RO) *(substantivo)*

Animal mamífero que come ervas e vegetais. Tem o corpo coberto de lã. *A fêmea do **carneiro** é a ovelha.*

CARNE-SECA (CAR-NE-SE-CA) *(substantivo)*

1. Carne de boi cortada, salgada e seca ao sol. Também é conhecida como charque ou jabá.
2. Prato preparado com essa carne. *Comemos **carne-seca** com mandioca.*

CARNÍVORO (CAR-NÍ-VO-RO) *(adjetivo)*

Que se alimenta somente ou quase só de carne. *O leão é um animal **carnívoro**.*

CATÁLOGO (CA-TÁ-LO-GO) *(substantivo)*

Lista de nomes de pessoas, endereços, serviços, livros, etc. Geralmente, o catálogo é organizado em ordem alfabética.

CENA (CE-NA) *(substantivo)*

Cada parte de um filme, de uma peça de teatro ou de uma telenovela.

CENÁRIO (CE-NÁ-RIO) *(substantivo)*

Conjunto de imagens, desenhos ou peças que formam o espaço onde um espetáculo é apresentado. Pode ser de televisão, teatro ou cinema.

CENTRO-OESTE (CEN-TRO-O-ES-TE) *(substantivo)*

Uma das cinco regiões do Brasil. Inclui o Distrito Federal, Goiás, Mato Grosso e Mato Grosso do Sul.

CERTEZA (CER-TE-ZA) *(substantivo)*

Qualidade do que é certo, daquilo que não deixa dúvida. *Tenho **certeza** da vitória do nosso time.*

CHAFARIZ (CHA-FA-RIZ) *(substantivo)*

Tipo de construção com bicas, de onde sai água. É comum encontrá-lo em jardins, praças ou parques públicos.

CIDADÃO (CI-DA-DÃO) *(substantivo)*

1. Pessoa que tem a proteção das leis de seu país, que tem direitos e precisa cumprir seus deveres ou obrigações. *O **cidadão** tem o direito de estudar e o dever de proteger a natureza.*
2. Habitante de uma cidade.

CIDADE (CI-DA-DE) *(substantivo)*

Lugar onde geralmente existe grande número de casas, edifícios, escolas, indústrias, comércios e serviços. *A **cidade** é organizada em ruas, que são agrupadas em bairros.*

CIRCO (CIR-CO) *(substantivo)*

Local coberto, em forma de círculo, onde se realizam espetáculos com palhaços, acrobatas e outros artistas para a diversão do público.

CLIMA (CLI-MA) *(substantivo)*

Conjunto de condições de temperatura, chuvas, ventos, etc. de um lugar ou uma região. *O **clima** da cidade é quente e úmido.*

CÓCEGAS (CÓ-CE-GAS) *(substantivo)*

Sensação no corpo que faz a pessoa rir sem parar ou se sentir irritada. *As **cócegas** são provocadas por toques repetidos na pele.*

CÓDIGO (CÓ-DI-GO) *(substantivo)*

Série de sinais organizados que apresenta uma mensagem. *O cientista decifrou o **código** de um povo antigo.*

COLABORADOR (CO-LA-BO-RA-DOR) *(substantivo)*

Pessoa que ajuda ou colabora com alguém em alguma coisa.

COLEÇÃO (CO-LE-ÇÃO) *(substantivo)*

1. Conjunto ou reunião de objetos de mesma natureza. *Quer conhecer minha **coleção** de selos?*
2. Conjunto de livros de um mesmo autor ou de vários, publicados pela mesma editora. *O livro é da nova **coleção** de livros infantis.*

COMEÇAR (CO-ME-ÇAR) *(verbo)*

Dar início a alguma atividade ou coisa. *Vamos **começar** a leitura?*

CONSTELAÇÃO (CONS-TE-LA-ÇÃO) *(substantivo)*

Grupo de estrelas. Quando observadas, imagina-se que elas sejam ligadas por linhas, formando desenhos diferentes.

CRIANÇA (CRI-AN-ÇA) *(substantivo)*

Ser humano que ainda está na infância. *As **crianças** gostam de brincar.*

D d

DAMAS (DA-MAS) *(substantivo)*

Jogo de tabuleiro quadriculado. Nele, duas pessoas movem peças brancas ou pretas. Ganha a partida quem consegue tomar todas as peças do outro jogador.

DEBOCHAR (DE-BO-CHAR) *(verbo)*

Falar de uma pessoa ou de algo com desprezo. Também pode significar gozar de alguém.

DELEGACIA (DE-LE-GA-CI-A) *(substantivo)*

Local onde são realizadas as atividades da polícia. Nela o cidadão também pode tirar documentos, fazer denúncias, etc.

DELEGADO (DE-LE-GA-DO) *(substantivo)*

Chefe da delegacia de polícia.

DERRAMAR (DER-RA-MAR) *(verbo)*

Deixar cair ou espalhar algum tipo de líquido. *A menina **derramou** leite na mesa.*

DERROTAR (DER-RO-TAR) *(verbo)*

Ganhar do adversário em um jogo ou uma luta. *Nosso time **derrotou** o adversário.*

DESCANSAR (DES-CAN-SAR) *(verbo)*

1. Parar de fazer algo que exigia esforço. *Depois de correr a maratona, ele precisou **descansar**.*
2. Também pode ser o mesmo que morrer. *Vovô **descansou** depois de ficar muito tempo doente.*

DESCER (DES-CER) *(verbo)*

Movimentar-se de cima para baixo. ***Descemos** a escada correndo.*

DESMATAMENTO (DES-MA-TA-MEN-TO) *(substantivo)*

Corte de árvores ou destruição das matas naturais de um lugar ou uma região. *O **desmatamento** prejudica a natureza.*

DESTINATÁRIO (DES-TI-NA-TÁ-RIO) *(substantivo)*

Pessoa para quem se manda alguma coisa, como uma carta, por exemplo.

DIALOGAR (DI-A-LO-GAR) *(verbo)*

Conversar com uma ou mais pessoas ou amigos.

DIFÍCIL (DI-FÍ-CIL) *(adjetivo)*

1. O que se faz com esforço. *É **difícil** subir aquele morro.*
2. Aquilo que não se sabe se vai acontecer. *Parece **difícil** ele acordar cedo.*

A B C D E F G H I J K L M N O P Q R S T U V W X Y Z

E e

ECOLOGIA (E-CO-LO-GI-A) *(substantivo)*

Ciência que estuda as relações dos seres vivos com seu ambiente natural.

ECOSSISTEMA (E-COS-SIS-TE-MA) *(substantivo)*

Sistema que inclui os seres vivos e o meio ambiente no qual vivem. *Ela estuda o **ecossistema** de uma reserva ambiental.*

EDUCAÇÃO (E-DU-CA-ÇÃO) *(substantivo)*

1. Ação de instruir, de ensinar. *A **educação** das crianças é um dever de todos.*
2. Boas maneiras. *Pisar na grama é falta de **educação**.*

ENCHENTE (EN-CHEN-TE) *(substantivo)*

Excesso ou acúmulo de águas por tempestade, chuva, maré, vazamento, entre outros. *A **enchente** poderia ser evitada se não jogassem lixo na rua.*

EPIDEMIA (E-PI-DE-MI-A) *(substantivo)*

Doença contagiosa que faz muitas pessoas ficarem doentes ao mesmo tempo. Normalmente, a epidemia acontece em determinada região.

EROSÃO (E-RO-SÃO) *(substantivo)*

Formação de buracos no solo provocada pelas chuvas, pelo vento, entre outros agentes da natureza.

ESPAÇO (ES-PA-ÇO) *(substantivo)*

1. Qualquer lugar vazio ou ocupado pelas coisas.
2. Lugar além da Terra onde estão as estrelas, os planetas e as galáxias. *A nave espacial está viajando pelo **espaço**.*

ESPECTADOR (ES-PEC-TA-DOR) *(substantivo)*

Pessoa que assiste a um espetáculo em televisão, cinema, etc. *O **espectador** saiu do teatro emocionado.*

EXCESSIVO (EX-CES-SI-VO) *(adjetivo)*

O que existe ou está em quantidade maior do que se precisa. O mesmo que exagerado.

EXCURSÃO (EX-CUR-SÃO) *(substantivo)*

Tipo de passeio quase sempre para um lugar distante de onde se vive e com a orientação de um guia.

EXTINÇÃO (EX-TIN-ÇÃO) *(substantivo)*

Ato ou efeito de deixar de existir, acabar. O mesmo que desaparecimento. *A **extinção** dos animais é um desastre ecológico.*

F f

FÁBULA (FÁ-BU-LA) *(substantivo)*

História curta em que existe uma lição de moral. Em geral, as personagens são animais que agem como seres humanos. *A professora leu a **fábula** da cigarra e da formiga para os alunos.*

FACILITAR (FA-CI-LI-TAR) *(verbo)*

1. Tornar fácil, pôr algo à disposição de uma pessoa. *Ele **facilitou** a organização da gincana na escola.*
2. Descuidar, colocar algo em risco ou em perigo. *Deixar remédios perto de crianças é **facilitar** demais.*

FANTOCHE (FAN-TO-CHE) *(substantivo)*

Boneco movimentado por fios ou com as mãos. É muito usado em teatro.

FAUNA (FAU-NA) *(substantivo)*

Grupo de animais que vivem em um mesmo ambiente em uma época. *Algumas espécies da **fauna** do Amazonas estão ameaçadas de extinção.*

FAVORECER (FA-VO-RE-CER) *(verbo)*

Dar proteção ou apoio a alguém ou a alguma coisa. *As vendas de Natal **favorecem** o comércio.*

FEROZ (FE-ROZ) *(adjetivo)*

1. Que se comporta como uma fera, que é selvagem. *O urso é um animal **feroz**.*
2. Que é cruel ou desumano. *É um inimigo **feroz**, sem coração.*

FILIAÇÃO (FI-LI-A-ÇÃO) *(substantivo)*

Relação de parentesco entre pais e filhos.

FLORA (FLO-RA) *(substantivo)*

Conjunto de plantas de um lugar ou uma região. *O pesquisador está estudando a* ***flora*** *da Mata Atlântica.*

FLUVIAL (FLU-VI-AL) *(adjetivo)*

O que tem relação com rio. *O barco é um meio de transporte* ***fluvial****.*

FOLCLORE (FOL-CLO-RE) *(substantivo)*

Conjunto de costumes, artes populares e crenças de um país ou uma região. *Dia 22 de agosto é o Dia do* ***Folclore****.*

FORMIGA (FOR-MI-GA) *(substantivo)*

Inseto que vive em grandes grupos organizados em formigueiros.

FOZ (FOZ) *(substantivo)*

Trecho em que um rio joga suas águas no mar, em um lago ou em outro rio.

G g

GALO (GA-LO) *(substantivo)*

1. Ave que possui asas largas, crista carnuda, rabo com longas penas coloridas e esporões. *A fêmea do* ***galo*** *é a galinha.*
2. Inchaço provocado por batida na testa ou na cabeça.

GALPÃO (GAL-PÃO) *(substantivo)*

Espécie de construção coberta. Geralmente, serve como depósito ou local para atividades da indústria.

GANHAR (GA-NHAR) *(verbo)*

1. Receber algo grátis. ***Ganhei*** *um lindo presente de aniversário.*
2. Vencer um jogo, uma partida ou aposta. *Nosso time* ***ganhou*** *o jogo!*

GARÇOM (GAR-ÇOM) *(substantivo)*

Profissional que serve as pessoas em lanchonetes, restaurantes, etc. *O feminino de* ***garçom*** *é garçonete.*

GARGALHADA (GAR-GA-LHA-DA) *(substantivo)*

Risada barulhenta e longa.

GARGALHAR (GAR-GA-LHAR) *(verbo)*

Dar gargalhadas.

GAROA (GA-RO-A) *(substantivo)*

Tipo de chuva fininha. Em geral, a garoa dura bastante tempo. É o mesmo que chuvisco.

GASTAR (GAS-TAR) *(verbo)*

1. Deixar de ter alguma coisa pelo uso que se faz dela. *Maria vai **gastar** o dinheiro na compra de material escolar.*
2. Fazer alguma coisa ir se consumindo. ***Gastei** a sola do sapato de tanto andar.*
3. Usar o tempo para fazer algo. ***Gastamos** horas até encontrar o caminho certo.*

GÊMEO (GÊ-MEO) *(adjetivo e substantivo)*

Nome que se dá a cada um dos filhos que nasceu do mesmo parto.

GOZAÇÃO (GO-ZA-ÇÃO) *(substantivo)*

Ato de rir de alguém ou de uma situação engraçada. É o mesmo que zombaria.

GUARANÁ (GUA-RA-NÁ) *(substantivo)*

Fruto do guaranazeiro, uma planta encontrada na região amazônica do Brasil. Esse fruto é usado, por exemplo, na fabricação de refrigerantes.

GUARDAR (GUAR-DAR) *(verbo)*

1. Cuidar ou proteger de algum perigo, vigiar. *A família foi viajar, mas deixou o cachorro para **guardar** a casa.*
2. Pôr algo em lugar seguro. *O menino **guardou** o brinquedo na caixa.*

GUERRA (GUER-RA) *(substantivo)*

Combate ou luta, com armas, entre países ou regiões. *Existem países que quase sempre estão em **guerra**.*

GUERREIRO (GUER-REI-RO) *(adjetivo e substantivo)*

(adjetivo) O que se refere à guerra. *Era uma tribo **guerreira**.*

(substantivo) Quem pratica a guerra. *A tribo tinha mais de 5 mil **guerreiros**.*

GUITARRA (GUI-TAR-RA) *(substantivo)*

Instrumento musical elétrico de braço longo. Geralmente tem seis cordas metálicas, que se tocam com palheta.

GURI (GU-RI) *(substantivo)*

Criança do sexo masculino. É o mesmo que garoto ou menino. *O feminino de **guri** é guria.*

H h

HABITAÇÃO (HA-BI-TA-ÇÃO) *(substantivo)*

Lugar para morar. *O sobrado é um tipo de **habitação**.*

HABITANTE (HA-BI-TAN-TE) *(substantivo)*

Que ou quem mora em um lugar. *O tubarão é um **habitante** do mar.*

HÁBITAT (HÁ-BI-TAT) *(substantivo)*

1. Lugar que oferece condições necessárias para que uma espécie ou um grupo nasça, cresça e viva.
2. Ambiente natural. *O leão foi levado de volta para seu **hábitat**.*

HÁLITO (HÁ-LI-TO) *(substantivo)*

1. Ar que sai pela boca quando respiramos. O mesmo que bafo.
2. Cheiro da boca. *O menino acordou com mau **hálito**.*

HANDEBOL (HAN-DE-BOL) *(substantivo)*

Esporte com bola, jogado com as mãos, que tem por objetivo fazer gols, como no futebol. Cada equipe tem sete jogadores.

HERÓI (HE-RÓI) *(substantivo)*

1. Pessoa reconhecida por sua bravura e coragem diante dos perigos. *O salva-vidas se atirou no mar e salvou a menina. Ele agiu como um **herói**.*
2. Personagem principal de um filme, de uma história em quadrinhos ou uma peça de teatro. *Meu **herói** preferido é o Homem-Aranha.*

HIGIENE (HI-GI-E-NE) *(substantivo)*

Conjunto de cuidados que se devem ter com o corpo e com o meio ambiente. Esses cuidados levam ao bem-estar e à preservação da saúde. O mesmo que asseio, limpeza. *A **higiene** é importante para evitar doenças.*

HIPOPÓTAMO (HI-PO-PÓ-TA-MO) *(substantivo)*

Animal mamífero muito grande, que tem a pele grossa. É herbívoro. *Os **hipopótamos** vivem nas margens dos rios africanos.*

HISTÓRIA (HIS-TÓ-RIA) *(substantivo)*

1. Narrativa que se conta para adultos ou crianças. Pode ser ou não fruto da imaginação. *A avó de Paula lhe conta **histórias** todas as noites.*
2. Nome da ciência que estuda os fatos ocorridos na vida dos povos. *Bianca gosta muito de estudar **História**.*

HOMEM (HO-MEM) *(substantivo)*

1. Pessoa adulta do sexo masculino. *Na família de Caio há muitos **homens**.*
2. Nome dado a qualquer ser humano. *O **homem** é um animal racional.*

HONRA (HON-RA) *(substantivo)*

1. Sentimento de amor-próprio. *Ele ofendeu minha **honra**.*
2. Consideração. *A diretora nos deu a **honra** de sua presença.*

HORA (HO-RA) *(substantivo)*

1. Cada uma das 24 partes do dia. *Acordo às 8 **horas**.*
2. Momento. *Agora não é **hora** de conversar!*

I i

IDÊNTICO (I-DÊN-TI-CO) *(adjetivo)*

O que é semelhante, igual a outra coisa. *As duas bonecas que Marina ganhou são **idênticas**.*

IDOSO (I-DO-SO) *(adjetivo e substantivo)*

Pessoa que tem muitos anos de idade. É o mesmo que velho.

*(adjetivo) Minha avó tem muita disposição, nem parece ser tão **idosa**.*

*(substantivo) Devemos respeitar os **idosos**.*

IGUAL (I-GUAL) *(adjetivo)*

1. Algo ou alguém muito parecido, que não tem diferenças, que tem as mesmas características. *As mochilas de Ana e Bia são **iguais**.*
2. O que tem a mesma quantidade ou tamanho. *Minha avó repartiu o bolo em partes **iguais**.*

A B C D E F G H I J K L M N O P Q R S T U V W X Y Z

INCÔMODO (IN-CÔ-MO-DO) *(adjetivo)*

O que incomoda, que é desconfortável, desagradável. *Estava sentado numa posição bastante **incômoda**.*

INDÍGENA (IN-DÍ-GE-NA) *(substantivo)*

Pessoa nascida no lugar onde viveu e vive o povo ao qual ela pertence. *No Brasil há muitos **indígenas**.*

INÉDITO (I-NÉ-DI-TO) *(adjetivo)*

1. O que não foi publicado ou impresso. *O livro é **inédito**.*
2. Algo que nunca foi visto ou ouvido. *Durante o Carnaval ouvimos um samba **inédito**.*

INFECÇÃO (IN-FEC-ÇÃO) *(substantivo)*

Contaminação de alguma parte do corpo de um ser vivo por vírus, fungos ou bactérias. *Jorge está com **infecção** na garganta.*

INSERIR (IN-SE-RIR) *(verbo)*

Introduzir, colocar, incluir. *Temos de **inserir** o nome dos novos alunos na lista de chamada.*

INTERNAUTA (IN-TER-NAU-TA) *(substantivo)*

Nome dado a alguém que utiliza a internet. *Os computadores são a maior paixão dos **internautas**.*

INTERNET (IN-TER-NET) *(substantivo)*

Nome dado à rede mundial de computadores. *Fizemos a pesquisa na **internet**.*

INTOXICAR (IN-TO-XI-CAR) *(verbo)*

Envenenar por meio de um produto ou substância. *O gás **intoxicou** as pessoas.*

INVERTEBRADO (IN-VER-TE-BRA-DO) *(adjetivo)*

Animal que não tem coluna vertebral nem ossos. *O caramujo é um animal **invertebrado**.*

IRA (I-RA) *(substantivo)*

Sentimento de ódio muito grande. O mesmo que raiva ou indignação. *Ficamos surpresos ao ver a **ira** daqueles homens.*

IRRIGAR (IR-RI-GAR) *(verbo)*

1. Molhar com água ou outro líquido. É o mesmo que aguar.
2. Regar ou molhar de forma não natural. *É preciso **irrigar** a horta por meio de um sistema de canais.*

J j

JABUTI (JA-BU-TI) *(substantivo)*

Réptil da mesma espécie da tartaruga. Também é chamado de cágado ou jaboti. *No Brasil, o **jabuti** pode ser encontrado nas matas da Amazônia, do Espírito Santo e de Minas Gerais.*

JACARANDÁ (JA-CA-RAN-DÁ) *(substantivo)*

Nome dado a diversas espécies de árvores das quais o homem retira madeira para a fabricação de móveis.

JAVALI (JA-VA-LI) *(substantivo)*

Mamífero semelhante ao porco selvagem, de cabeça grande, focinho alongado e dentes salientes.

JOVEM (JO-VEM) *(adjetivo e substantivo)*

(adjetivo) Aquele que ainda não tem maturidade. *Roberto ainda é muito **jovem** para se casar.*

(substantivo) Pessoa de pouca idade, que está na juventude.

JUSTIÇA (JUS-TI-ÇA) *(substantivo)*

Forma de fazer cumprir uma lei, de reconhecer e garantir os direitos de cada pessoa. *O criminoso vai ser julgado com **justiça** no tribunal.*

K k

KETCHUP (quetchupe) *(substantivo)*

Molho de tomate temperado com vinagre e outros ingredientes, com sabor levemente adocicado. *Gosto de sanduíche com* **ketchup**.

kg *(abreviatura)*

Símbolo de quilograma ou quilo. Escreve-se com letras minúsculas. *O pacote de açúcar pesa 5* ***kg***.

KIWI (quiuí) *(substantivo)*

Planta que produz frutos de casca marrom, cobertos de pelos e polpa verde-amarelada. O fruto dessa planta.

km *(abreviatura)*

Símbolo de quilômetro ou mil metros. Escreve-se com letras minúsculas. *A cidade fica a mais ou menos 20 **km** daqui.*

LI

LEGÍVEL (LE-GÍ-VEL) *(adjetivo)*

Que se pode ler, que está escrito de forma clara. *A letra de Ana é **legível**.*

LENDA (LEN-DA) *(substantivo)*

História inventada pelo povo e contada de geração para geração. *As **lendas** antigas trazem muitos ensinamentos.*

LEVE (LE-VE) *(adjetivo)*

1. Que tem pouco peso. *As penas são muito **leves**.*
2. Delicado, suave. *Ana tem um sorriso **leve**.*
3. Alimento de digestão fácil. *No almoço, comi uma salada **leve**.*

LIBÉLULA (LI-BÉ-LU-LA) *(substantivo)*

Inseto de abdome longo e estreito, com quatro asas alongadas e transparentes. *A **libélula** vive rondando a água.*

LIGEIRO (LI-GEI-RO) *(adjetivo)*

Rápido, veloz. *O tigre é um animal **ligeiro**.*

LISTRADO (LIS-TRA-DO) *(adjetivo)*

Que tem listras. *A pelagem da zebra é **listrada**.*

LITRO (LI-TRO) *(substantivo)*

1. Unidade de medida usada para líquidos. *Vou utilizar um **litro** de água na receita.*
2. Recipiente que contém um litro. *Comprei um **litro** de óleo.*

LIVRE (LI-VRE) *(adjetivo)*

1. Aquele que pode ter escolha, que não precisa obedecer às ordens de outra pessoa. *A partir de agora o prisioneiro está **livre**.*
2. Desocupado ou disponível. *Hoje temos toda a tarde **livre**.*
3. Que não precisa de pagamento, que é gratuito. *Não comprei ingressos, pois a entrada é **livre**.*

LOCOMOTIVA (LO-CO-MO-TI-VA) *(substantivo)*

Vagão de trem que puxa ou empurra os outros. *A **locomotiva** tem motores que provocam o movimento de todo o trem.*

LOTADO (LO-TA-DO) *(adjetivo)*

O que está cheio. *O ônibus está **lotado**.*

M m

MAMÍFERO (MA-MÍ-FE-RO) *(adjetivo e substantivo)*

Animal que tem mamas e que dá de mamar aos seus filhotes.

*(adjetivo) A baleia é um animal **mamífero**.*

*(substantivo) Os **mamíferos** em geral têm quatro patas.*

MANDIOCA (MAN-DI-O-CA) *(substantivo)*

Planta de raiz cheia de amido, usada na alimentação e na fabricação de farinha. Também é conhecida como aipim ou macaxeira. *A farinha de **mandioca** é um alimento muito consumido no Brasil.*

A B C D E F G H I J K L M N O P Q R S T U V W X Y Z

MANSÃO (MAN-SÃO) *(substantivo)*

Casa muito grande e luxuosa.

MANUFATURA (MA-NU-FA-TU-RA) *(substantivo)*

Trabalho feito à mão ou em máquina caseira. *Marcela tem uma **manufatura** de ovos de Páscoa.*

MANUTENÇÃO (MA-NU-TEN-ÇÃO) *(substantivo)*

Cuidado constante que se tem com alguma coisa para fazê-la durar. *Mandei o computador para **manutenção**.*

MARATONA (MA-RA-TO-NA) *(substantivo)*

1. Corrida de longo percurso realizada a pé. *O corredor chegou em primeiro lugar na **maratona**.*
2. Atividade cansativa. *Cumpro diariamente uma **maratona** de oito horas.*

MAREMOTO (MA-RE-MO-TO) *(substantivo)*

Grande tremor de terra que acontece embaixo do mar e causa ondas enormes. *Um **maremoto** quase destruiu a cidade.*

MARÍTIMO (MA-RÍ-TI-MO) *(adjetivo)*

Relativo ao mar, marinho. *Fizemos uma viagem **marítima**.*

MATA (MA-TA) *(substantivo)*

Área muito extensa coberta de árvores. O mesmo que floresta, bosque, mato, selva.

MELANCIA (ME-LAN-CI-A) *(substantivo)*

1. Planta rasteira que produz fruto geralmente de casca verde e polpa vermelha.
2. O fruto dessa planta.

MENDIGO (MEN-DI-GO) *(substantivo)*

Pessoa que pede esmolas para viver. O mesmo que pedinte.

MENINO (ME-NI-NO) *(substantivo)*

Criança do sexo masculino. *Tinham três filhos: duas meninas e um **menino**.*

MESTRE (MES-TRE) *(substantivo)*

Pessoa que ensina. O mesmo que professor.

METEORO (ME-TE-O-RO) *(substantivo)*

Qualquer fenômeno luminoso que acontece na atmosfera terrestre.

METRO (ME-TRO) *(substantivo)*

Unidade utilizada para medir a altura, o comprimento e a largura. *Um **metro** tem 100 centímetros.*

METRÔ (ME-TRÔ) *(substantivo)*

Espécie de trem utilizado para transporte urbano e que geralmente circula embaixo da terra. *As grandes cidades têm muitas estações de **metrô**.*

MITOLOGIA (MI-TO-LO-GI-A) *(substantivo)*

Conjunto das lendas e dos mitos de um povo. *Zeus é um dos deuses da **mitologia** grega.*

N n

NARRADOR (NAR-RA-DOR) *(substantivo)*

Pessoa que narra, que conta alguma coisa falando ou escrevendo. *O **narrador** de nossas aventuras nas férias fui eu.*

NASCIMENTO (NAS-CI-MEN-TO) *(substantivo)*

Começo da vida, a saída da barriga da mãe ou do ovo. *Todos ficaram contentes com o **nascimento** do bebê.*

NATUREZA (NA-TU-RE-ZA) *(substantivo)*

Tudo o que existe e que não foi criado pelos seres humanos. *É dever de todos preservar a **natureza**.*

NHOQUE (NHO-QUE) *(substantivo)*

1. Massa de origem italiana, feita de farinha de trigo, batata, ovos e queijo, cortada em pedacinhos arredondados.
2. Prato feito com essa massa cozida, molho de tomate e queijo parmesão ralado. *No domingo, comi **nhoque** na casa de minha avó.*

NINHO (NI-NHO) *(substantivo)*

Casa construída por aves ou outros animais para cuidar dos filhotes. *Não podemos tirar os filhotes de coruja do **ninho**.*

NÍTIDO (NÍ-TI-DO) *(adjetivo)*

1. Transparente, claro.
2. Algo que é fácil de entender. *A explicação da professora foi **nítida**.*

NORDESTE (NOR-DES-TE) *(substantivo)*

Uma das cinco regiões do Brasil. Inclui os Estados de Alagoas, Bahia, Ceará, Maranhão, Paraíba, Pernambuco, Piauí, Rio Grande do Norte e Sergipe.

NORTE (NOR-TE) *(substantivo)*

Uma das cinco regiões do Brasil. Inclui os Estados do Acre, Amazonas, Amapá, Pará, Rondônia, Roraima e Tocantins.

NUVEM (NU-VEM) *(substantivo)*

1. Formação de vapor de água no ar.
2. Grande quantidade de fumaça ou pó que aparece no ar. *Chamamos os bombeiros assim que vimos as primeiras **nuvens** de fumaça.*

O o

OBJETO (OB-JE-TO) *(substantivo)*

Algo feito à mão ou de forma industrial e que podemos ver, pegar e utilizar. *No museu de arte moderna, vimos um lindo **objeto**.*

OBRA (O-BRA) *(substantivo)*

1. Algo que se fez ou se está fazendo. *Visito as **obras** do novo edifício todos os dias.*
2. Resultado de um trabalho. *Aquela **obra** de arte foi feita por um escultor.*
3. Ação praticada pelas pessoas. ***Obras** de caridade ajudam as pessoas a viver.*

OBSERVAR (OB-SER-VAR) *(verbo)*

1. Examinar cuidadosamente, olhar com atenção. ***Observei** todos os movimentos da bailarina durante o espetáculo.*
2. Estudar alguma coisa. ***Observei** os diferentes tipos de folhas na aula de Ciências.*

OLFATO (OL-FA-TO) *(substantivo)*

Um dos cinco sentidos de nosso corpo. Por meio dele podemos sentir o cheiro. *O órgão do **olfato** é o nariz.*

ONÍVORO (O-NÍ-VO-RO) *(adjetivo)*

Animal que se alimenta tanto de vegetais como de outros animais. *O homem é um animal **onívoro**.*

ONTEM (ON-TEM) *(advérbio)*

Dia anterior ao de hoje. Dia que já passou. ***Ontem** foi meu aniversário.*

OPERÁRIO (O-PE-RÁ-RIO) *(substantivo)*

1. Trabalhador que tem uma ocupação manual e recebe salário.
2. Trabalhador da indústria.

OPOSTO (O-POS-TO) *(adjetivo)*

O que é inverso, contrário. *A tristeza é o* ***oposto*** *da alegria.*

OSTRA (OS-TRA) *(substantivo)*

Molusco marinho dotado de concha. *As* ***ostras*** *se alimentam de animais muito pequeninos ou de algas.*

P p

PAÇOCA (PA-ÇO-CA) *(substantivo)*

1. Doce de amendoim torrado e amassado com açúcar e farinha. *A* ***paçoca*** *derrete na boca.*
2. Carne assada e desfiada, amassada no pilão com farinha de mandioca ou de milho.

PAIXÃO (PAI-XÃO) *(substantivo)*

1. Forte sentimento de amor por uma pessoa. *Tenho uma grande* ***paixão*** *pela minha mãe.*
2. Dedicação muito grande por alguma coisa. *Na escola, minha principal* ***paixão*** *são os livros.*

PALADAR (PA-LA-DAR) *(substantivo)*

Um dos cinco sentidos de nosso corpo. Por meio dele podemos sentir e diferenciar os sabores. *O órgão do* ***paladar*** *é a língua.*

PARQUE (PAR-QUE) *(substantivo)*

Local público com muitas árvores, onde as pessoas vão passear e se divertir. *No fim de semana, fomos ao* ***parque*** *com a turma.*

PENSAR (PEN-SAR) *(verbo)*

1. Formar ideias. É o mesmo que refletir. *Todos os dias* ***penso*** *antes de fazer a lição.*
2. Julgar. ***Pensei*** *que João fosse o culpado.*

PERSONAGEM (PER-SO-NA-GEM) *(substantivo)*

Figura que faz parte de uma história. *Os* ***personagens*** *do Sítio do Picapau Amarelo são muito interessantes.*

PINGUIM (PIN-GUIM) *(substantivo)*

Ave de penas brancas e pretas, com asas curtas, que vive em lugares gelados. *Há muitos* ***pinguins*** *no polo sul.*

PIPA (PI-PA) *(substantivo)*

Brinquedo feito de papel e varetas de bambu ou madeira leve. É o mesmo que papagaio ou pandorga. *Fiquei a tarde toda empinando* ***pipa****.*

PRINCESA (PRIN-CE-SA) *(substantivo)*

1. Filha do rei ou da rainha. *Os contos de fadas são histórias de reis, rainhas, príncipes e* ***princesas****.*
2. Mulher que tem esse título e governa um país.

PRÍNCIPE (PRÍN-CI-PE) *(substantivo)*

Filho do rei ou da rainha.

Q q

QUADRA (QUA-DRA) *(substantivo)*

1. Lugar onde se praticam vários esportes. *Todas as tardes, jogamos vôlei na* ***quadra*** *da escola.*

2. Espaço cercado por quatro ruas. *Minha casa fica na segunda* ***quadra*** *do condomínio.*

QUADRADO (QUA-DRA-DO) *(substantivo)*

Figura geométrica que tem quatro lados iguais.

QUADRILHA (QUA-DRI-LHA) *(substantivo)*

1. Dança de pares, geralmente apresentada nas festas juninas. *Todo ano, ensaiamos a* ***quadrilha*** *para dançar na festa junina da escola.*
2. Grupo de pessoas desonestas ou de ladrões que obedecem a um chefe. *A* ***quadrilha*** *foi presa depois de assaltar um banco.*

QUARTEIRÃO (QUAR-TEI-RÃO) *(substantivo)*

Área cercada por quatro ruas. É o mesmo que quadra.

QUESTÃO (QUES-TÃO) (*substantivo*)

1. Algo que precisa ser resolvido. *A **questão** da fome preocupa o país.*
2. Pergunta. *Tenho uma **questão** de História para fazer.*

QUILÔMETRO (QUI-LÔ-ME-TRO) (*substantivo*)

Medida de comprimento igual a mil metros. *Os alunos andam dois **quilômetros** para chegar até a escola.*

R r

RAINHA (RA-I-NHA) (*substantivo*)

1. Mulher que governa ou representa um reino. *O masculino de **rainha** é rei.*
2. Fêmea que põe ovos, em colônias de abelhas, formigas e cupins.

RAMALHETE (RA-MA-LHE-TE) (*substantivo*)

Pequeno ramo de flores unidas. O mesmo que buquê.

RASGAR (RAS-GAR) (*verbo*)

Abrir um rasgo, fazer algo em pedaços. *Minha irmã **rasgou** a carta.*

REBANHO (RE-BA-NHO) (*substantivo*)

Grupo de animais da mesma espécie. *Na fazenda havia um grande **rebanho** de ovelhas.*

RECLAMAR (RE-CLA-MAR) (*verbo*)

1. Queixar-se de alguém ou de alguma coisa. O mesmo que protestar. *Minha mãe **reclama** quando meu irmão e eu brigamos.*
2. Pedir alguma coisa a qual se tem direito, falando ou escrevendo. O mesmo que exigir ou reivindicar. ***Reclamei** um bom atendimento do vendedor da loja.*

REI (REI) (*substantivo*)

1. Pessoa que comanda ou representa um reino. *Os **reis** e as rainhas moravam em castelos e usavam coroas.*
2. Peça principal do jogo de xadrez.

RÉPTIL (RÉP-TIL) *(substantivo)*

Animal vertebrado que se arrasta pelo chão e põe ovos. Alguns répteis têm o corpo coberto por escamas ou placas.

RÉSTIA (RÉS-TIA) *(substantivo)*

1. Trança de caules secos. ***Réstia** de alhos ou de cebolas.*
2. Feixe de luz que passa por uma abertura estreita. ***Réstia** de luz.*

REUNIÃO (REU-NI-ÃO) *(substantivo)*

1. Ato de reunir. O mesmo que agrupamento. *Fizemos a **reunião** dos alunos no pátio.*
2. Encontro de pessoas para tratar de determinado assunto. *Os professores participaram de uma **reunião** para fechamento do bimestre.*

REVOADA (RE-VO-A-DA) *(substantivo)*

Bando de aves em voo. *É linda a **revoada** de andorinhas.*

ROCHA (RO-CHA) *(substantivo)*

Massa de pedra muito dura, o mesmo que rochedo.

S s

SAL (SAL) *(substantivo)*

Nome comum do cloreto de sódio, isto é, o sal de cozinha. *O **sal** dá mais sabor aos alimentos, mas deve ser usado sem exageros.*

SANEAMENTO (SA-NE-A-MEN-TO) *(substantivo)*

Ação de limpar e cuidar de um lugar para que se possa morar nele. *É preciso manter o **saneamento** das cidades para garantir uma vida saudável.*

SARDINHA (SAR-DI-NHA) *(substantivo)*

Pequeno peixe comestível que vive no mar. *Adoro comer **sardinha** frita.*

SELVA (SEL-VA) *(substantivo)*

Lugar naturalmente repleto de árvores, onde vivem muitos animais selvagens. *A natureza é muito rica nas **selvas** brasileiras.*

SEMELHANTE (SE-ME-LHAN-TE) *(adjetivo e substantivo)*

(adjetivo) Pessoa ou objeto com características parecidas, quase iguais. *Em geral, irmãos gêmeos são muito **semelhantes**.*

(substantivo) Outra pessoa, outro ser humano. *Precisamos respeitar nossos **semelhantes**.*

SIM (SIM) *(advérbio)*

Palavra usada para afirmar que se concorda com algo ou alguém, que se permite ou que se aprova alguma coisa.

SOBRANCELHA (SO-BRAN-CE-LHA) *(substantivo)*

Conjunto de pelos em forma de arco que fica acima dos olhos. *Todo mês minha mãe tira a **sobrancelha**.*

SOBREVOAR (SO-BRE-VO-AR) *(verbo)*

Voar por cima de algo. *O avião **sobrevoou** a chácara.*

SOCIEDADE (SO-CI-E-DA-DE) *(substantivo)*

1. Conjunto de pessoas ou animais que vivem em grupos organizados por regras que todos conhecem.
2. Parceria, acordo entre duas ou mais pessoas para usar determinada coisa em comum ou montar um estabelecimento. *Meu irmão e eu fizemos uma **sociedade** para comprar uma moto.*

SOLICITAR (SO-LI-CI-TAR) *(verbo)*

1. Pedir com insistência. *Minha professora **solicitou** que eu terminasse o trabalho de Matemática hoje.*
2. Requisitar. *A funcionária da escola **solicitou** a certidão de nascimento no ato da matrícula.*

SOLUÇÃO (SO-LU-ÇÃO) *(substantivo)*

1. Aquilo que resolve um problema ou uma dificuldade. *Depois de tanto pensar, encontrei a **solução** para o problema.*
2. Líquido que contém algo dissolvido. *O soro caseiro é resultado de uma **solução** de sal e açúcar em água filtrada.*

SUDESTE (SU-DES-TE) *(substantivo)*

Uma das cinco regiões do Brasil. Inclui os Estados do Espírito Santo, Minas Gerais, Rio de Janeiro e São Paulo.

SUL (SUL) *(substantivo)*

Uma das cinco regiões do Brasil. Inclui os Estados do Paraná, Rio Grande do Sul e Santa Catarina.

T t

TALENTO (TA-LEN-TO) *(substantivo)*

Facilidade para fazer alguma coisa. *Minha amiga tem* ***talento*** *para cantar.*

TANGERINA (TAN-GE-RI-NA) *(substantivo)*

Fruto parecido com a laranja, com gomos. Também é conhecida como mexerica ou bergamota.

TANQUE (TAN-QUE) *(substantivo)*

1. Caixa de cimento ou de louça com um lado inclinado, usada para lavar roupas. *Minha tia lavou as roupas no* ***tanque****.*
2. Carro muito resistente utilizado nas guerras. *Vi na televisão vários* ***tanques*** *de guerra.*

TARIFA (TA-RI-FA) *(substantivo)*

Preço cobrado pelo transporte de passageiros a determinada distância. *Neste mês a* ***tarifa*** *do ônibus subiu.*

TATO (TA-TO) *(substantivo)*

Um dos cinco sentidos do nosso corpo. Por meio dele podemos sentir o calor, o frio, a forma e a espessura dos objetos. *O órgão do* ***tato*** *é a pele.*

TECNOLOGIA (TEC-NO-LO-GI-A) *(substantivo)*

Conjunto de conhecimentos utilizados em determinado ramo de atividade. *Com o avanço da* ***tecnologia****, foram produzidos computadores melhores.*

TELESPECTADOR (TE-LES-PEC-TA-DOR) *(substantivo)*

Pessoa que assiste a algo pela televisão. *Muitos* ***telespectadores*** *assistem aos jornais.*

TOBOGÃ (TO-BO-GÃ) *(substantivo)*

Rampa ondulada em que se desce escorregando. *O* ***tobogã*** *é meu brinquedo predileto.*

TRADIÇÃO (TRA-DI-ÇÃO) *(substantivo)*

Conjunto de costumes de um povo transmitidos de geração a geração. *Nossa família tem a* ***tradição*** *de montar árvore de Natal.*

TROFÉU (TRO-FÉU) *(substantivo)*

Objeto dado ao vencedor de algum tipo de competição. *O piloto recebeu um* ***troféu*** *por ter vencido a corrida.*

U u

UFA (U-FA) *(interjeição)*

Palavra usada para mostrar que alguém está cansado ou aliviado. ***Ufa**! Consegui terminar a tarefa a tempo.*

UIRAPURU (UI-RA-PU-RU) *(substantivo)*

Ave das florestas brasileiras, de plumagem colorida, que emite um lindo canto ao amanhecer. *O **uirapuru** é um pássaro que vive na Amazônia.*

UIVAR (UI-VAR) *(verbo)*

Gritar, berrar. *O lobo e o cão são animais que **uivam**.*

ÚLTIMO (ÚL-TI-MO) *(adjetivo)*

1. Algo que está depois ou vem depois de todos os outros. *Sou o **último** da lista de chamada da minha turma.*
2. O que é mais moderno. *Ganhei um celular do **último** modelo.*

ULTRAPASSAR (UL-TRA-PAS-SAR) *(verbo)*

Superar, ir além, passar à frente. *Durante a corrida, **ultrapassei** meu colega.*

ÚMIDO (Ú-MI-DO) *(adjetivo)*

Um pouco molhado, levemente molhado. *Minha mãe limpa a sala com um pano **úmido**.*

UNIÃO (U-NI-ÃO) *(substantivo)*

Ato de ficar junto, de juntar coisas ou pessoas que estavam separadas. *Na partida final do campeonato, as torcidas dos dois times demonstraram muita **união**.*

UNISSEX (U-NIS-SEX) *(adjetivo)*

Que pode ser usado tanto por homens quanto por mulheres. *Comprei um paletó **unissex**.*

URGENTE (UR-GEN-TE) *(adjetivo)*

O que precisa ser feito ou atendido imediatamente, que não pode ser deixado para depois. *Recebi um recado muito **urgente**!*

ÚTIL (Ú-TIL) *(adjetivo)*

O que tem utilidade, que serve para alguma coisa. *Esta caixa é muito **útil** para guardar brinquedos.*

V v

VALENTE (VA-LEN-TE) *(adjetivo)*

Que não tem medo do perigo. O mesmo que corajoso. *O **valente** bombeiro salvou a menina.*

VARA (VA-RA) *(substantivo)*

1. Ramo fino e flexível retirado de alguma árvore. *O pescador usa uma **vara** de bambu para pescar.*
2. Coletivo de porcos.

VAZIO (VA-ZI-O) *(adjetivo)*

O que não contém nada dentro. *Preciso comprar outra margarina, pois o pote está **vazio**.*

VEGETAL (VE-GE-TAL) *(substantivo)*

O mesmo que planta. *Os **vegetais** precisam de água e de luz para sobreviver.*

VENDER (VEN-DER) *(verbo)*

Entregar alguma coisa a alguém em troca de dinheiro. *Vou **vender** minha bicicleta.*

VERÃO (VE-RÃO) *(substantivo)*

Uma das quatro estações do ano. No hemisfério sul, começa no dia 21 de dezembro e termina no dia 20 de março. É a estação mais quente do ano.

VERTEBRADO (VER-TE-BRA-DO) *(adjetivo)*

O que tem coluna vertebral e ossos. *O homem é um animal **vertebrado**.*

VISÃO (VI-SÃO) *(substantivo)*

1. Um dos cinco sentidos de nosso corpo. Por meio dela vemos todo o mundo à nossa volta. *O órgão da **visão** é o olho.*
2. Imagem que se acredita ver em sonhos, que não é real.

VISÍVEL (VI-SÍ-VEL) *(adjetivo)*

O que pode ser visto. *Na noite estrelada, a Lua estava **visível**.*

VOLUNTÁRIO (VO-LUN-TÁ-RIO) *(substantivo)*

Pessoa que se oferece por vontade própria para realizar uma tarefa. *Nos hospitais, muitos **voluntários** contam histórias para as crianças doentes.*

VULCÃO (VUL-CÃO) *(substantivo)*

Montanha com uma grande abertura que lança material em brasa, a altíssimas temperaturas. *O material que sai do **vulcão** chama-se lava.*

W w

WALKIE-TALKIE (uóquitóqui) *(substantivo)*

Pequeno aparelho usado para comunicação entre duas pessoas a distâncias curtas.

WATT (uót) *(substantivo)*

Unidade de medida da energia elétrica. *A lâmpada do quarto tem 100* **watts**.

W.C. *(abreviatura)*

Abreviatura do inglês *watercloset*. Banheiro, toalete.

WEB (uéb) *(substantivo)*

Do inglês *web*, rede. O mesmo que internet, a rede mundial de computadores.

W.O. *(abreviatura)*

Abreviatura do inglês *walkover*. Vitória fácil, sem resistência do adversário. Também pode significar vitória de um concorrente quando o outro desiste ou não comparece à competição. *O time venceu por* **W.O.**

WWW *(abreviatura)*

Do inglês *world wide web*, rede mundial. O mesmo que *web*.

X x

XALE (XA-LE) *(substantivo)*

Manto, geralmente de lã ou de seda, usado sobre os ombros.

XARÁ (XA-RÁ) *(substantivo)*

Pessoa que tem o mesmo nome que outra.

XAROPE (XA-RO-PE) *(substantivo)*

Remédio líquido e adocicado geralmente usado para tratar a tosse.

XODÓ (XO-DÓ) *(substantivo)*

Sentimento de afeto, de carinho. *Tem um* ***xodó*** *pelo irmão mais novo.*

Y y

YAKISOBA (iaquissôba) *(substantivo)*

Comida japonesa preparada com macarrão e verduras refogadas.

Z z

ZANGÃO (ZAN-GÃO) *(substantivo)*

Macho da abelha. Não produz mel.

ZELADOR (ZE-LA-DOR) *(substantivo)*

Pessoa encarregada de cuidar da limpeza e conservação de um prédio de apartamentos ou de escritórios. *O **zelador** de nosso prédio é muito simpático.*

ZOMBAR (ZOM-BAR) *(verbo)*

Caçoar, rir de alguém, com o objetivo de magoá-lo. *Durante a briga, os meninos ficaram **zombando** um do outro.*

ZONA (ZO-NA) *(substantivo)*

Área ou espaço delimitado. *Moro na **zona** sul da cidade.*

ZOOLÓGICO (ZO-O-LÓ-GI-CO) *(substantivo)*

Lugar onde ficam em exposição permanente várias espécies de animais. O mesmo que jardim zoológico. *Gosto muito de ir ao **zoológico** passear.*